ビビリ

EXILE HIRO

はじめに

唐突だけれど、僕はえらいビビリだ。

たぶんこれは、物心がつくずっと前、母親のお腹《なか》の中にいた頃からの、つまり持って生まれた性質だ。

ビビリなだけじゃない。

心配性で、気にしいで……。

あ、全部同じことか。

なんて、最初からあまりにもネガティブなことを書くと、読者に引かれるんじゃないかと、すでにビビり始めている自分がいたりして。


でも、まあ、本当のことだから仕方がない。

それに、本音を言えば、そういう自分の性格が嫌いではない。

だいたい、自分の性格なんて変えようがないのだ。

いや、絶対に変えられないとは言わないけれど、そんなに簡単に性格を変えることはできないだろう。長い時間と、大変な努力が必要なはずだ。

そんなことに労力を注ぐくらいなら、生まれついての自分の性格をなんとかして生かした方が間違いなく効率がいい。

十人十色、人それぞれ、いろんな性格があるけれど、要するに性格なんてモノは、生きるための道具なのだと僕は思う。

そして、道具である以上は、必ず長所と短所がある。

大切なのは、その道具の長所と短所を理解して、長所を生かし、短所に足をすくわれないように使いこなすことだ。

臆病な男が無理して勇気を振り絞ったり、バカなやつが利口ぶったり、冷たい人間が優しいふりをしたりするから間違いが起きることがある。

どういうわけか人間は、自分の欠点に敏感で、その欠点さえ直せば人生は上手《うま》く行くと思い込んでしまう。

だけど、本当にそうだろうか。

勇気さえあれば成功するという保証はないし、利口なら必ず良い人生を送れるというわけでもなければ、優しい男だけがモテるという話でもない。

無理に性格を変えたからって、人生が上手く行くとは限らないのだ。

臆病なら臆病なりに、バカならバカなりに、自分の性質を十二分に生かして生きた方が、ずっと実り多い人生が送れる。

人生とは、自分という人間をよく知って、使いこなせるか否かの勝負なのだ。

ビビリで、バカな僕は、そう思う。


2001年にEXILEを結成して、今年でなんと14年目になる。

あの年に小学校に入学した子供なら、成人を迎える年だ。ときの流れ去るのはなんと速いことか。

人が変わるように、EXILEもどんどん変わった。

いや、変えた。

新しいメンバーを探すためにオーディションをしたり、いきなりメンバーの人数を倍にしてみたり、そしてついに僕はパフォーマーを引退してしまった。

その張本人のくせして、他人事《ひとごと》みたいに言うなよと、怒られるかもしれない。

本当に、いろんなことがあった。

ＥＸＩＬＥは第一章、第二章、第三章と、変化し続けてきた。

そして、今は第四章にさしかかろうとしている。

そういうＥＸＩＬＥの大きな転換は、よくよく考えてみれば、僕がビビリであるがゆえの決断でもあった。

何もかもが成功ばかりじゃないし、失敗もたくさんしたけれど、それでもＥＸＩＬＥはいい方向に進んでいる、と自分では信じている。あくまでも感覚だけれど、僕らがライブで観客に提供するエンタテインメントのスケール感で言えば、10倍以上はでかくなった。

でかくなればいいというものでもないけれど、そうなれたのは、ファンのみなさんの支持と、メンバーひとりひとりの頑張りと、スタッフの努力の結晶なのは言うまでもないことではある。

だけど、ときどき聞かれることがあるのだ。

ＥＸＩＬＥの成功の秘訣《ひけつ》はなんですか、と。

まだまだ成功なんかしちゃいない、僕らは成長の途上なのですと、本音で答えればそうなるのだが、いつもそれでは愛想がない。

パフォーマーを引退したことでもあるし、僕の立場から、その質問にお答えしてみようと考えて、この本を世に出すことにした。

アツシの本『天音。』を読んでみて、僕もファンのみなさんや、たくさんの仲間に、活字という表現で、改めて今のＥＸＩＬＥのあり方を知ってもらいたいという想いもあった。

ＥＸＩＬＥがここまでやってこられたのは、もちろん、今も言ったように、ファンのみなさんの支持と、みんなの努力の結晶だ。僕だけの力ではまったくない。

ただ、言い出しっぺのリーダーとして、お前の何が良かったのかと問われたら、こう答える。

もし少しでも上手く行っているのだとしたら、それは僕がビビりだったからかもしれません、と。

目次

第二章　バカ

第三章　チーム

第一章　引退

引退の日。

昨年の大晦日《おおみそか》、「NHK紅白歌合戦」のステージで、曲のいちばん最後に、思わず右手を突き上げてしまった。

一瞬前まで、自分がそんなことをするなんて考えてもいなかったのに、これで終わりだと思って、気がついたらボクシングのチャンピオンのように、右手を高く突き上げていた。

そんなこと、するつもりはなかった。

そんなこともこんなことも、特別なことは何もする気はなかった。

実際、あの2013年最後の日、EXILEのパフォーマーを引退したあの最後の日、僕がやったのは右手を思わず突き上げただけで、それ以外は何もしなかった。セレモニーも、打ち上げも何もなし。

お祝い事やサプライズが大好きなＥＸＩＬＥのメンバーも、この引退に関しては、僕がそういうものを望んでいないことをよく知っていたから、それはさっぱりしたものだった。

紅白が終わったところでメンバーと別れ、いつものようにスタッフとビールを飲みながら、紅白の後に出演した「ＣＤＴＶ」で僕以外のメンバーがパフォーマンスしているのを会社で観《み》ていた。

できるだけさりげなく、いつものように踊って、いつものようにステージを降り、それで終わりにしたかった。

引退は誰に強制されたことでもない。

自分で決めたことなのに、涙を流すなんてあり得ない。

他の人は知らないが、僕の場合はそうだ。

まして、40代もなかばにさしかかろうというオッサンが、人前で自分のために涙を流すなんてサムすぎる。

お涙頂戴みたいなセレモニーは、まっぴらゴメンだった。けれど、世の中は放っておいてはくれない。

「今のお気持ちは？」

「理由は体力の限界ですか？」

「やり残したことはありませんか？」

「まだまだ踊れると思うのですが？」

「やっぱり寂しいですか？」

引退という言葉に人は優しい。

２０１３年の大晦日をもって、ＥＸＩＬＥのパフォーマーを引退すると発表してから、いろんな人にいろんな場所で声をかけられた。

ぜんぜん、まったく、これっぽっちも、寂しくないかと聞かれたら、さすがに「はい」とは言えない。僕だって人間なわけで、そりゃ心のどこかに、寂しいという気持ちがないわけじゃない。それに、僕に引退の感想を聞いてくれる人のほとんどは、引退するんだから当然寂しいだろうと思い込んでいるわけだ。

大人の度量を見せて、そこは「はい、やっぱり寂しいですね」とか「もうちょっと踊りたかったです」とか、答えた方がよかったのかもしれないが、それでは嘘《うそ》をつくことになる。

引退は僕にとって、寂しいものでもなければ無念でもない。

心の隅々まで探れば「寂しい」という気持ちもないわけじゃないけれど、それは砂場の中の3粒の砂くらいの量でしかない。わくわくする気持ちの方が圧倒的に大きい。

踊れなくなったから引退する、みたいな話には絶対にしたくなかったから、社内に本格的なジムを作り、プロフェッショナルの専属トレーナーについてもらって、ここ何年間も完璧に鍛え上げてきた。30代の頃よりもカラダは確実に引き締まっているし、体力も今の方があるはずだ。もちろん、まだまだ踊れるし、実際にダンスのレッスンも続けている。

僕にとってこの引退は、ネガティブなものではまったくないのだ。

それならば、なぜ引退するのか?

そう問う人もいるだろう。

その問いには、ひと言で答えられる。

EXILEをいつまでも輝かせるた

めに、僕は引退した。

この先、20年も30年も輝き続けるチームを作りたいと僕は思っている。

そのために僕は引退したのだ。

死すべき運命。

ある意味で、引退のことはＥＸＩＬＥを結成した最初のときからずっと心の片隅で考えていた。いや、考えていたというのは言いすぎか。あの頃は、自分どころの騒ぎじゃなくて、自分のことよりもＥＸＩＬＥ、自分よりも会社という考えしかなかった。

ちなみに会社というのは、ＥＸＩＬＥのメンバーが少しずつ金を出し合って作った小さな会社だ。細かいことを言えば、最初はエグザイルエンタテイメントという名の有限会社だった。その1年後に、友だちの会社と合併し、株式会社ＬＤＨが誕生した。言い出しっぺの僕は、ＥＸＩ

LEのリーダー兼、その小さな会社の社長になった。

EXILEはまだほんの駆け出しで、メジャーデビューはしたものの、先の保証はまったく何もない。そういう状況で、引退のことなんて考える余裕があるはずもない。引退する前に、解散しなきゃならなくなることだって充分あり得る話だった。

だから、引退のことをはっきりと考えていたわけではない。

それでも、なんとなく引退をいつも心のどこかで意識していたのは、僕がメンバーの中でいちばん年上だったからだと思う。

EXILEの結成時、僕は32歳になっていた。最年少のアツシは21歳だったから、ほぼ一回りの年齢差だ。マッちゃんやマキダイと比べても僕は6歳年上だった。

一般社会なら6歳上の先輩社員と働くのは珍しいことじゃないけれど、

ダンスの世界での当時の6歳差は親子の差にも匹敵する。

アンダーグラウンドでその名を知られたダンスチーム、ベビーネイルのマッちゃんとウサとマキダイを誘ったときには、正直に言えば、自分が彼らと踊ることがいいことなのかどうか、かなり悩んだのを今もよく憶《おぼ》えている。

まあ、結論を言えば、それは僕の取り越し苦労だった。彼らは年下だったけれど、僕と同じ音楽を聴き、同じ景色を見て育っていた。僕がニューヨークで出会って夢中になったヒップホップは、彼らの憧れでもあった。彼らと一緒にチームを組んで踊るようになって、それがよくわかった。

32歳は、今考えればまだまだ若造だけれど、その当時の気持ちとしては、もう立派なオジサンだった。なにしろ10代の頃は、30歳まで生きれば充分だと思っていた。それ以上の歳《とし》になって、生きている自分を想像できなかった。

その30歳をふたつも超えていたのだ。

自分以外、全員20代のメンバーと一緒に踊っていたあのときから、心の片隅にはいつも「これをいつまでも続けるわけにはいかないな」という思いがあった。

ただ、いつまでも続けるわけにはいかないとして、それならどうすればいいのかを具体的に考えることはなかった。

「いちばん年上の自分が、いちばん最初に引退するってことになるんだろうな……」というくらいの、漠然とした思いがあっただけだ。

それは、自分の死を想像することと似ている。

人間、この世に生まれてきたら、いつかは必ず死ぬ。それ以上確実な未来はないし、それは誰だって知っている。

なのに、ほとんどの人は死を忘れて生きている。僕自身もそうだ。

もちろん、僕が死んだ後も未来永劫《みらいえいごう》ＥＸＩＬＥが続いていくような、そんな場所を作っておきたいという気概はあるけれど。ただ、それは自分の死とはまた別の話ではある。

世の中にはさまざまな環境で苦しんでいる人もたくさんいるというのに、人間というのは本当に身勝手なもので、問題が自分の目の前に迫って来ない限り、なかなか真剣に考えようとはしない。自分の人生の最後についても、それはずっと遠い先のこととして、考える対象から無意識のうちに外してしまう。あるいは、考えないようにしている。

そんなことを考えなくても、毎日楽しく暮らせればそれでいいと思っている。

僕自身も、若い頃はそう思って生きていた。

先のことなんか何も考えずに、好きに生きていた。それでいいと思っていた。

友だちとか肉親とか、自分にとって本当に大切な人を失ったとき、死が自分のすぐ身近に迫ったときには、また違うことを考えるのだろうけれど、そういうことでもなければ、そんなふうにぼんやりと考えている。

自分の人生の最後について、突き詰めて考えることは普段ほとんどない。

けれど、引退問題についてはそうはいかない。

なるべく考えないようにしていれば、それですむ問題ではない。

何よりもまず、それは自分ひとりの問題ではないから。

二度のメンバーの脱退で、そのことを思い知った。

この世に生まれたものは、いつか必ず死ぬ運命にある。
例外はひとつもない。
そして、形あるものはいつか必ず壊れる。
それは、ＥＸＩＬＥというチームも同じことだった。
けれど僕には、それがどうしても許せなかった。

なんとか、この死すべき運命から逃れる手はないか？

器《うつわ》の問題。

あれは一種の奇跡だった。

アッシとシュンちゃんというふたりのシンガーとの出会いがなかったら、ＥＸＩＬＥは今のようなＥＸＩＬＥにはなっていなかった。

なんと言っても、最初はボーカルふたりなんて構成は考えていなかったのだ。

初代J Soul Brothersのボーカル、ササやんが脱退したのが、コトの発端だ。

J Soul Brothersのメンバーは、僕とマッちゃんとウサとマキダイの

4人のダンサーと、ボーカルひとり。そのボーカルのササやんが、辞めたいと言い出した。正直に言って、アンダーグラウンドでは評価されたもののJ Soul Brothersは売れていなかったし、ササやんは作家活動に専念したいという気持ちが強くなっていたから、脱退するのは仕方がない。

けれど、ボーカルが辞めてしまったら、僕らはただのダンサーチームになってしまう。急遽《きゅうきょ》代わりのボーカルを探さなきゃいけなくなって、出会ったのが彼らふたりだった。

脱退したボーカルはひとり。だから、代わりのボーカルもひとり。僕らは最初、単純にそう考えていた。

アツシとシュンちゃんはどちらもプロではなかったけれど、誰かの代わりというのが失礼なくらい、実力のある一人前のシンガーだった。

単に歌が上手いというだけではなく、ふたりの歌には、人の心を動かす力があった。

当初の予定を変更し、ボーカルをふたりにすることになったきっかけは、あるドラマの挿入歌の仕事だった。

予定されていたグループが何かの都合でうたえなくなって、その仕事が急遽僕たちのところに回ってきたのだ。曲名もなければ、ドラマのエンドロールにJ Soul Brothersの名がクレジットされることもない。

純粋に、と言うとおかしいけれど、ドラマを盛り上げるための挿入歌だった。

ボーカルは最初に決まったアッシひとりでいくか、それともシュンちゃんを加えてツインボーカルにするか結論が出なかったので、とりあえずこの挿入歌はツインボーカルで、ふたり一緒にうたってもらおうということになった。

歌はプロ並みに上手かったとはいえ、ふたりはほぼアマチュアだった。しかもその日初めてスタジオで会ったふたりに、いきなりレコーディングさせたのだ。恐ろしいムチャをしたものだが、なんとか朝から翌朝までの丸1日でレコーディングを終わらせ、ドラマのオンエアに間に合わせた。まるで突貫工事のようなレコーディングだったが、大きな収穫がふたつあった。

ひとつはこの曲が評判になって、テレビ局に誰がうたっているか教えてほしいという問い合わせが殺到したこと。

そしてもうひとつは、アツシとシュンちゃんというふたりのボーカルの、素晴らしい組み合わせを発見したことだ。

あの日、スタジオでふたりのハーモニーを聞いたときは、鳥肌が立った。なにがなんでもこのふたりに僕らのボーカルになってほしいと思った。

　個性のまったく違うふたりがボーカルになることで、音楽の幅や選択肢は、桁違いに広がる。僕らの音楽は、彼らふたりのかなでる複雑な和音によって、素晴らしく奥深いものになるだろう。

　ふたりのボーカルに4人のパフォーマーというEXILEの構成は、こうして生まれた。

　ふたりのボーカルがこのタイミングで出会っていなければ、決してこの組み合わせは生まれなかった。そして、この組み合わせがなければ、EXILEはここまで大きく成長することはできなかったと思う。

　シュンちゃんには、感謝している。彼からたくさんの素晴らしいものをもらって、今のEXILEがあるのは事実だ。

あくまでもそういうことを前提に言うのだけれど、僕にとってあの時代は苦行みたいなものだった。

誰が悪いという話ではない。

いや、悪いとしたら、それは僕だ。 ＥＸＩＬＥのリーダーとして、男として、度量が足りなかったのだと、今は思う。

「音楽の方向性の違い」

僕たちが別れることになった理由を説明するなら、そうとでも言うしかない。

バンド解散の理由として、何千回も使い古されてきた言葉だ。

それを他人事として聞いていたときは、なんだか言い訳くさいなあと思っていた。

だが、自分で経験するのはまた別の話だ。

彼の追求したかった音楽、進みたかった道、それとあの頃のＥＸＩＬＥがやらなきゃいけなかったことが、上手くかみ合わなかった。あの頃のＥＸＩＬＥがやるべきことというのは、僕がやらなきゃいけないと考えていたこと。つまり、僕と彼の考え方が違っていたということだ。

ただし、その違いが別れの原因ではない。メンバーが６人いれば、６人とも考え方が違うのは当たり前のことだ。その６人の違う考え方、異なる想いに折り合いをつけ、みんながひとつの方向に向かえるようにするのがリーダーの仕事なわけだから。そういう意味でも、想いをひとつにまとめられなかった僕に原因はある。

今だったら、今のＥＸＩＬＥのパワーがあれば、彼があの頃やりたかったことを、すべてかなえてあげることができたかもしれないのにと思う。けれど、それを今言っても仕方がない。

最後の最後に、彼が「辞めたい」と言ったとき、僕はもう引き留めなかった。あそこで僕が引き留めていれば、もしかしたら彼は考えを変えたかもしれない。彼が迷っているのは、よくわかっていた。彼自身も、自分のやりたいことを貫きたいという想いと、ＥＸＩＬＥの他のメンバーへの責任感の間で、悩んでいたのだと思う。

けれどときに人は、自分の目指す道を行かなければならないことがある。

「そうか。そんな気がしたよ」

そう言って、僕はシュンちゃんの背中を押した。これ以上、こんなことは続けられないと思ったのだ。それで万が一、ＥＸＩＬＥが駄目になっても仕方がないと腹をくくった。

そのとき、形あるものはいつか壊れるのだということを、腹の底から思い知った。遠くにぼんやりと見えていた〝解散〟という文字が、突然目の前に、絶望するしかないほど高く分厚い壁になって、のしかかってきた。

J Soul Brothers

その後の話をする前に、時計の針をもう一度、アツシとシュンちゃんが僕らの仲間に加わったあのときに戻すことにする。

熱心なＥＸＩＬＥファンのみなさんならご存じかもしれないけれど、彼らふたりを迎え入れたとき、僕らはJ Soul Brothersだった。前の項で書いたように、僕らはあのときJ Soul Brothersのボーカルを探していたのだ。

つまり、アツシとシュンちゃんは最初、J Soul Brothersの新メンバーということだったのだ。

ところが、そういう経緯であの初対面のレコーディングが上首尾に終わり、J Soul Brothersがツインボーカルで再出発することが決まったときに、この際だから、グループ名も変えた方がいいんじゃないかという話が持ち上がった。

理性的に考えれば、それは悪くないアイデアだった。

けれど僕は、最初どうしても賛成できなかった。

このグループ名は、その昔、僕が仲間とボビー・ブラウンのライブで踊ったときにボビー・ブラウンその人が「Japanese Soul Brothers」と名づけてくれたことに始まる。

ちょっと長いので、Japaneseを略してJ Soul Brothersにして1999年にデビューし、それこそ地を這《は》うようにして活動を続けてきた。けれどその約2年の活動の間に、シングルCDを3枚出すのが精いっぱいで、しかもほとんど売れなかった。いちばんめざましい活動は、DREAMS COME TRUEのサポートメンバーとして、1999年の武道館のステージに立ったことくらいだ。

悔しい思いをしながら、歯を食いしばって踊っていたということは前の本『Bボーイサラリーマン』でも書いたけれど、だからこそ僕はこのJ Soul Brothersという名前に深い愛着があった。

なんとかしてJ Soul Brothersを有名にしてみせる、いつか世の中の人をJ Soul Brothersに振り向かせてみせるという意地だけで、岩にしがみつくようにして頑張ってきた。

そのJ Soul Brothersという名前を変えるのは、僕にとって、それまでの自分の生きがいと人生のすべてを否定するのと同じことだった。

それで売れたとしても、たとえ世間を見返すことができたとしても、

J Soul Brothersじゃなくなっていたらなんの意味もない。あのとき僕はそう思った。

名前なんてただの記号にすぎない。冷静に考えれば、名前を変えたくないというのは、僕のただの感傷だ。

僕はその自分の感傷に、深くとらわれていたというわけだ。

結局はその感傷をなんとか振り切って、グループ名を変えて僕らは再出発することにした。

そう心に決めたとき、何か吹っ切れた気がした。

そしてEXILEが誕生したわけだけれど、あのとき学んだことがひとつある。

それは自分の**こだわりや思い入れが、思考の柔軟性を奪い、選択肢を少なくしてしまう場合がある**ということだ。

よく考えてみれば、J Soul Brothersは目的ではない。

それは、ＥＸＩＬＥも同じことだ。

チームは僕らにとって大切なものだけれど、それはあくまでも僕らが輝くための場所だからだ。

僕らは僕らの夢をかなえるためにJ Soul Brothersを結成した。

僕の夢は、音楽業界という美しい戦場で、自分の能力のすべてをかけて、もう一度勝負をすることだった。ＺＯＯというグループの解散で僕が失ったもの、もしもあのときしっかりと考えていれば、かなえることができたかもしれないたくさんの夢をかなえることが、僕の夢だった。

チームは、夢をかなえる場なのだ。

そういう意味で、チームは誰のものでもない。もちろん僕のものでもない。

大切なのは、**その場が、みんなの夢をかなえるのに適した場かどうか**ということだ。

ＥＸＩＬＥをいつまでも輝かせたいというのも、ＥＸＩＬＥが輝いていることが、みんなの夢をかなえるために大切なことだからだ。そしてそれはメンバーだけではなく、ＥＸＩＬＥのファンでいてくださるみなさんのためにも大切なことだと思うのだ。

話を元に戻せば、そういうわけで2001年8月、ＥＸＩＬＥの誕生とともに、J Soul Brothersというグループ名は消滅した。

けれどその5年半後の２００７年、新たなメンバーでJ Soul Brothersは復活する。

それがつまり二代目J Soul Brothersだ。

その二代目も約2年後には、メンバー全員がＥＸＩＬＥに加わることになって、三代目J Soul Brothersが２０１０年に活動を開始する。

ＥＸＩＬＥへの改名によって消えたはずの、僕たち初代J Soul Brothersの想いは継承されていく。

メンバーは替わっても、魂は確実に受け継がれている。

そして僕は、僕の分身である彼らによって、かつて自分がこだわっていたJ Soul Brothersへの想いにリベンジを果たせたような気がする。

そのJ Soul Brothersへの強い愛着や想いがときを経て今のメンバーやたくさんのファンのみなさんの夢の広がりにつながっていることを、心より嬉《うれ》しく思う。

あの頃の僕らに、自分たちの二代目と三代目がバトルライブを繰り広げ、何万というファンを熱狂させるようになると教えたら、いったいどんな顔をするだろう。

ＥＸＩＬＥは終わったのか？

いや、本当に。

すべてのものには終わりがあるのだ。ＥＸＩＬＥだって、もちろん永遠ではない。

そんなことは考えてみるまでもなく当たり前の話なのだけれど、いざそのときが来るまで、考えてみようともしなかった。

だいたい、僕にとってそれは初めてのことでさえなかった。初代の「J Soul Brothers」で、ササやんが辞めたときに、すでに経験していたことだ。

永遠に続くグループなんてない。いつかどこかで、必ずいろんなことが起きて、解散しなきゃならなくなる。

それが運命なのだ。

けれどこのまま、その運命とやらのなすがままに、ここまで積み上げてきたものを、すべて無にしてしまっていいのだろうか。

EXILEはもう終わりなのか。


運命をひっくり返して、永遠に輝き続ける方法はないのだろうか。


そんなもの、ありはしない。

頭のいい人なら、そう言うかもしれない。

けれど僕はバカで、おまけに諦めがとことん悪い。

確かに、いくらなんでも永遠は無理かもしれないけれど、その永遠に挑戦することくらいはできるはずだと思った。

シュンちゃんの脱退を発表すると、ＥＸＩＬＥは終わったという声が業界から聞こえてきた。

ツインボーカルがＥＸＩＬＥという鳥の翼なのだ。

その翼をひとつ失ったら、鳥は大空を飛べない。音楽業界の過去を振り返っても、それがメインのメンバーを失ったグループの宿命だ。

そこから立ち直るのは、難しい。いや不可能だ。

そう言う人がたくさんいた。ファンのみなさんの気持ちを考えれば、それも仕方がない。

けれど、それが常識だと世の中の人に言われれば言われるほど、腹の底の方から湧き上がってくる気持ちがあった。

「ぜってぇ、負けねえ」と思った。

シュンちゃんの脱退は僕らにとって大きな痛手だった。それは否定できない事実だけれど、逆に僕らが本当の意味で、ひとつになれたのもあのときだった。

本当に、ひとつになれた。

シュンちゃんの悩みがＥＸＩＬＥのメンバー全員の肩の上にのしかかって、何年間もずっと重い雰囲気が支配していたって言ったら言いすぎかもしれないけれど。

そういう感じがあったのは事実だった。

その重荷がすっと消えた。

正直に言えば、シュンちゃんも僕らも辛《つら》かったのは、彼が脱退を決めてから、発表するまでの何ヶ月間かだ。

まだツアーが残っていたし、脱退が決定する前からアルバムを出すことも決まっていたから、男のけじめとして、自分たちの都合や感情だけですぐに発表するわけにはいかなかった。

お客さんはライブを楽しむためにやってくるのだ。

何ヶ月も前からチケットを予約して、コツコツお小遣いを貯《た》めてチケットを買ってくれる子もいる。わざわざ休みを取って来る人だっているかもしれない。

そんな人たちにいきなり当初決定していたスケジュールをくつがえし「実はシュンが辞めちゃうんです」なんて言ったら、どんな気持ちになるか。せっかくのライブが台なしになってしまう。僕らの気持ちはすっきりするかもしれないけれど、それは僕らの都合による僕らのわがままというものだろう。

でも、そうは言っても、脱退すると決断しているのに、そのことをおくびにも出さずに、ステージに立つのはしんどかった。

特にシュンちゃんとアツシは、さまざまな感情が入り交じり、本当に辛かったと思う。

だから、予定していたツアーのスケジュールをすべて終え、予定していたアルバムを出して、彼の脱退を公表したとき、気持ちがすっと楽になった。

もちろん、シュンちゃんへの感謝の気持ちと、ファンのみなさんへの申し訳ない気持ちはたくさんあったけれど、使命感や責任感が強かった分、ホッとしたのかもしれない。

アルバムの売り上げは落ちたし、世の中もＥＸＩＬＥは終わったと言っていた。けれど、それぞれの道を歩むことを決めた僕らは、なんだか晴れ晴れとした気分だった。

終わったと言われれば言われるほど、「今に見てろよ」という気持ちになった。

あの時期は、みんなで集まって、よくいろんな話をしていた。原点に戻れたというか、デビューしたばかりの頃の、不安と希望が入り交じった、新鮮な気持ちに戻ることができた。

不安がまったくなかったと言ったら嘘になるけれど、自分たちならどんな障害も乗り越えられると、なんの根拠もなく信じられた。ＥＸＩＬＥは、逆境になればなるほど一丸となるチームだった。

なんにも勝算はないけれど、いざとなったらみんなでラーメン店をやってでも食っていけるだろうって、本業のラーメン屋さんには失礼な話だけれど、そんな話をアツシとしていたことを思い出す。

みんなの目的意識が完全にひとつになっていたから、僕たちなら万が一これで音楽業界にいられなくなったとしても、どこででも生きていけると思ったのだ。そういうノリというか、いい意味での開き直りの中で、オーディションで新しいボーカルを探そうという話が進んでいった。

もちろん最初から、メンバー全員がオーディションというアイデアに大賛成だったわけではないけれど。

D2
D2
D1

D5
D4
D4
D3

215

産みの苦しみ？

「シュンちゃんの背中を押した」なんてカッコいいことを言ったけれど、現実はそんなクールな話ではまったくなかった。

その心境に達するまでに、どれだけ悩み、迷い続けたことか。とにかくあの頃は僕も未熟だったし、チームはまるで暴れ馬みたいだったので、僕はまとめるのに必死だった。

ＥＸＩＬＥ第一章のあの何年間かは、ほとんどずっとそんな感じだった。

自分のことを冷静に考える心の余裕がなかった。

僕が一瞬でも気を抜いたら、このチームはあっという間にバラバラに分解してしまうのではないか。あの頃は、そういう強迫観念に追われ続けていた気がする。チームを維持するために、いつもメンバーの気持ちや精神状態に気を配っていた。

僕にしかその役割は果たせなかったから、自分だって表現者のはずなのに、表現者としてカッコつけるなんてことは、本当に最低限のことにしか気が回らなかった。

とにかく自分は後ろに下がって、黒子に徹して、ふたりのボーカルの才能が開花するように、ダンサーチームが少しでも気持ちよく踊れるように環境を整えるのが自分の仕事だと決めていた。

それが、ＥＸＩＬＥの成長のためには必要だと思い込んでいた。

ＥＸＩＬＥの成長なくして自分の成長はないと感じていたし、そうしないとＥＸＩＬＥが危機に陥るのではないかと心配でそうしていたんだと思うけれど、今考えれば、いつの間にかそれが大きなストレスになっていた。だけど、そのときには気づかずに自分をひたすら抑えつけていたんだと思う。

あれが産みの苦しみだったのだろうか。

あの第一章がなければ、それに続く第二章も第三章もないわけで、そういう意味では現在のＥＸＩＬＥを生み出すために必要な時間であり、大切な経験だった。

そして僕は、あの辛い時期を通して、ひとつの大切なことを学んだ。

それはチームの力だ。

チームは、見えない目標に向かってみんなの気持ちがひとつになったとき、信じられないような大きな力を発揮する。

そのことを僕たちは身をもって経験した。
あの経験が、ＥＸＩＬＥの魂になった。

無形化計画。

形あるものはいつかは壊れる。

それは、動かせない現実だ。

それなら、その形をないものにしてしまったらどうだろう。

形がなければ壊せない。

ＥＸＩＬＥは、６人の人間でできている。

そう考えてしまうから、ひとりが抜けたら、ＥＸＩＬＥはもう終わりということになる。生身の人間の集まりには、限界があるのだ。

そういう固定したものではなくて、どんどん変化しながら、日々新しく生まれ変わっていく生き物のようなものに、ＥＸＩＬＥがなればいい。

それが、僕の出した答えだった。

たとえば皮膚が若さを保てるのは、古くなった細胞がどんどん死んで新しい細胞と入れ替わっていくからだと聞いたことがある。皮膚だけでなく、人間のカラダは何十兆もの細胞でできているのだけれど、何ヶ月かでそのほとんどが新しい細胞に入れ替わってしまうらしい。新陳代謝というやつだ。


ＥＸＩＬＥも、新陳代謝を起こせばいいんじゃないか。


そうしたら死すべき運命をひっくり返して、いつまでも輝き続けることができるかもしれない。

新しいボーカルを選ぶためのオーディションも、メンバーを倍に増やしたのも、そして今回の僕の引退も、すべてはこのアイデアの延長線上にある。

そう考えるようになったのは、ボーカルの脱退がきっかけだったのは確かだけれど、考えてみれば、たとえ彼らが辞めなくても、いずれは考えなきゃいけない話だったのだ。

そういう話が持ち上がった2006年、僕は37歳だった。40歳は目前だ。いつまでも踊っているわけにはいかない。いちばん若いアツシでさえ26歳になっていた。4年でEXILEに20代のメンバーはいなくなる。

チームはどんどん歳を取っていくのだ。

年齢を考えれば、真っ先に僕が辞めることになるだろう。

メンバーが辞めるたびに、この問題は持ち上がる。

そうしないためには、人が入れ替わってもEXILEがしっかり輝き続けられるようにしなきゃいけない。そのためには、無形化とでも言えばいいか、ＥＸＩＬＥの形をなくし、もっと柔軟にして、必要に応じて変化できるようにすればいいんじゃないか。

ＥＸＩＬＥに決まった形はない。

ＥＸＩＬＥは、いつでも必要なときに、オタマジャクシがカエルになるように、大胆に変化していく。

ただし、ただ単にメンバーが替わっていくだけだったら、名前がＥＸＩＬＥなだけで、いつの間にかまったく違うチームになってしまうだろう。

だから僕らは、ストーリーを大切にする。

メンバーそれぞれの夢や想い、生きざまを大切にして、ＥＸＩＬＥの魂と志を仲間から仲間へと、リレーのバトンのように受け継いでいくのだ。

そうすれば、ＥＸＩＬＥは永遠に輝き続けることができる。

いや、永遠は無理としても……。

20年、30年経《た》っても、全力で輝き続けられるチームを僕らは作っていくつもりだ。


この話にはもうひとつつけ足すことがある。

それは、新しいメンバーが入って新陳代謝を起こすだけでなく、僕のように道を譲った先輩メンバーも、ＥＸＩＬＥ一族として新境地を切り開いていくという続きがあることだ。

たとえば僕がパフォーマーを引退した後も、「ＥＸＩＬＥ ＨＩＲＯ」

と名乗って新たな活動をしていくように。

つまり上はさまざまな方面に広がり、下からは新たな風が吹くのがEXILEであり、アメーバのように自由自在にいろいろな形になって成長していくのがEXILEのあり方なのだ。

オーディションの仕掛け。

ＥＸＩＬＥが終わりだと言われたのは、自分で言うのもなんだけれど、僕たちがミリオンアーティストだったからだと思う。

１００万人に愛されたチームも、ボーカルである中心メンバーのひとりが脱退したら、二度と過去の栄光は取り戻せない。音楽業界の歴史を見ればそれは明らかで、それが常識だった。

窮地に立ったとき、僕はいつも原点に戻ることにしている。

自分たちはなぜこれをやっているのか。なんのためにやっているのか。そして、どんな信念を抱いて生きてきたのかを、初心にかえって、考えるのだ。

ＥＸＩＬＥのテーマはいったい何か。

それをスタッフのみんなとずっと考えていたときに、心に浮かんだのがオーディションのアイデアだった。

夢を持つことの大切さ。

僕らはＥＸＩＬＥとなったその日から、ずっとそのことをテーマとして活動してきた。

それなら、そのミリオンアーティストのボーカルを一般公募したらどんなことになるだろう。プロ、アマを問わず、誰でもチャレンジできるオーディションで、ＥＸＩＬＥの新しいボーカルを選ぶのだ。

選ばれた人は、一夜にしてミリオンアーティストの一員になる。

アツシの隣に立って、何万人という観客を前にして歌をうたえるようになるのだ。

そんな夢のような出来事は、なかなかないはずだ。

「新メンバーを、オーディションで決めるっていうのはどう？」

メンバーが集まったとき、その思いつきを何気なく話してみた。

最初から全員が大賛成というわけではなかったと思う。反対するメンバーはいなかったけれど、具体的なイメージが湧かないのが彼らの心境なのだと思った。

それでも僕には、メンバー全員が盛り上がってくれるはずだという確信があった。

なにしろこれは、現代のシンデレラストーリーだ。普通の男の子が、選ばれてある日突然何万人もの観客を詰め込んだドームのステージに立つことになるのだ。

その過程をオープンにしたら、ファンの方たちも自分のことのように、このオーディションを見守ってくれるに違いない。そしてそのオーディションを勝ち抜いた新メンバーを、みんな心から応援してくれるんじゃないか。

それが、夢を持つことの大切さを掲げているEXILEのもっともEXILEらしい手法だとも思った。

メンバーの脱退がチームの大きなマイナスになる大きな原因は、ファンの方たちの愛情だ。

新メンバーがどんなに素敵なやつであろうとも。

いや、素敵であればあるほど、逆に抵抗が大きくなるかもしれない。EXILEを大切に思ってくれている人ほど、新メンバーに違和感を抱くと思う。

ＥＸＩＬＥのメンバーを家族みたいに感じていたとしたら、明日からお兄ちゃんが別の人に替わると言われて「わーい、新しいお兄ちゃんが来て嬉しいなあ」なんてなるわけがない。ひとりが抜けた穴を、誰が埋めるにせよ、たとえそれがマイケル・ジャクソンだったとしても、納得なんかできないというのが、ファンの方たちの気持ちだと思う。

それは、僕らもよくわかる。

その喪失感をもしも癒やす方法があるとしたら、それはファンの方たちにも、僕らと同じ気持ちになっていただくことだと思う。

つまり必死の想いで、新しいメンバーを探す僕たちと同じ気持ちに……。

あのＥＸＩＬＥはもう存在しない。だからといって、僕たちがそこで立ち止まるわけにはいかない。

シュンちゃんが自分の道を歩いていったように、僕たちは僕たちの道を歩いていかなきゃならない。

そのために、僕たちには新しい仲間が必要だった。

そういう僕らの気持ちを、ファンの方たちに理解してもらうためには、オーディションがわかりやすくて、いい方法だと考えた。

この時期の僕らの状況からして、ファンのみなさんが知らないところで、僕たちだけで新しいメンバーを決めて、ある日突然発表するより、その方がずっといい。新しいメンバーへの風当たりだって、はるかに弱いものになると思う。

……とまあ、そういうようなことを、ことあるごとにメンバーに話した。

とは言っても、筋道を立てて、難しい話をしたわけじゃない。

「普通の子が、ある日突然、ミリオンアーティストになっちゃうんだよ。それって、ヤバくねえ?」とか「オーディションを一般公開したら、みんなも一緒に応援してくれると思うんだけどな」みたいに。メンバーの心に火がついてくれることを願いながら。

それが上手く行ったのかどうかわからないけれど、いつの間にかメンバーもスタッフも、オーディションで新メンバーを決めるというアイデアに夢中になっていた。

どうなるかわからないけれど、ここまで来たらのりかかった船という気持ちだったのかもしれない。

僕自身がそうだったのだから、それは仕方がない。

すべてが上手く行った今だからこそ、余裕をかましてこんなことを言っていられるのだ。あのときはまだ、オーディションが上手く行くかどうか、そんなことをして本当にいい人材がみつかるのかどうかさえも、まったくわからなかった。優れたボーカルがみつからなければ、本当にそこでＥＸＩＬＥが終わっていた可能性だってあったわけだ。

最初に書いたように、僕はビビリだ。

他の人からは、**発想が大胆だとか、常識外れだとか、よっぽどキモが太いんでしょうねとか、いろいろ言われるけれど、それはまったくの見当違い。**

ムチャを言うのは、常識知らずというか、世間知らずだからであって、キモっ玉がでかいわけではまったくない。根はいたって神経質だ。

このオーディションを成功させる絶対的な自信はあったけれど、だからといって油断するわけにはいかない。

絶対に失敗しないように、できる限り根回しもしたし、策も講じた。

この時期にたくさんの可能性を感じるアキラに正式なメンバーとして加わってもらったのも、その策のひとつであり、ＥＸＩＬＥの新しいあり方だ。アキラにはいつかＥＸＩＬＥに入ってほしいとずっと思っていた。

オーディションをオープンにして、新メンバー決定までの過程をファンの方たちと共有するのはいいけれど、そこでもうひとつ大切なのは、それが同時に見応えのあるエンタテインメントにもなっていなければならないということだった。

僕たちはエンタテイナーなのだ。何をするにしても、それがエンタテインメントとして成立していなきゃいけない。

それに、盛り上がらないショーで選ばれたような新メンバーだったら、ファンのみなさんだって応援する気にならないだろう。

僕はこの新メンバーオーディションの最終決戦の舞台を、特別な想いのある武道館に決めた。

その最終オーディションはどうしても、観客を感動させる本物のエンタテインメントになっていなければ本当の成果は得られない。エンタテインメントとして成立させるために、いろんなことをムチャクチャ細かく考えた。

いちばん心配だったのが、その最終オーディションの場に集まったお客さんを感動させられる候補者が残ってくれるかどうかだった。

ＥＸＩＬＥの新ボーカルを公募すると打《ぶ》ち上げたはいいけれど、最初はどれくらいの応募があるかさえ見当もつかなかったのだ。

本音を言えば、アツシの相方《あいかた》を張れるような才能に恵まれたボーカル候補が現れるかどうか、まったく確信がなかった。というより、そんなやつがそんなに簡単にみつかるのか？　と不安だった。

それだけのポテンシャルを持った候補者がいたとしても、上手く予選オーディションを勝ち抜いてくれるかわからない。たとえ勝ち抜いたとしても、今度はその子が本番の武道館であがらずに上手くうたえるかどうかわからない。下手《へた》をしたら、武道館の最終決戦がメチャクチャになる可能性だってあるわけだ。

スポーツの試合のようにシード枠を作ってネスミスとかタカ（DEEP）とか、プロとして経験があり、EXILEになってもおかしくない実力を兼ね備えていた彼らに出演してもらったのは、武道館での最終オーディションをエンタテインメントとしても最高に盛り上げるために必要だったからだ。

彼らの才能を認めていたし、夢を応援していたので他に誰が残ったとしても、武道館の最終決戦はエンタテインメントとして成り立つという考え方だ。

たとえばそういう具合に、絶対失敗しないように完璧に準備はしていたけれど、いざオーディションの蓋を開けてみたら、想像を超えるほどの大成功だった。

オーディションの応募者総数は約1万人。

ちょっとした町の人口ほどの応募者が集まった。

その中に田﨑君はいた。

僕は、この世界で長い年月、たくさんの人たちを見て感じてきたので、培ってきた僕なりのデータや自分の中での根拠のない自信がある。田﨑君を見たときには、彼は間違いないと直感した。

まったくの素人だったけれど、オーディションの第1次審査で彼の歌を聴いた瞬間、この子しかいないと思った。そう思わせるような雰囲気が、彼にはあった。

話を聞いたら、たまたま僕の知り合いの知り合いで、つまり共通の知人がいたのだけれど、だからといって特別扱いができるわけもない。

2次審査、3次審査とオーディションが進んでいくにつれ、田﨑君がうたうときは「失敗しないでくれ」って、祈りたくなるような気持ちだったのをよく憶えている。

いくら素材が良くても、失敗すれば落とされる可能性があった。僕は彼がEXILEのメンバーになったら絶対に上手く行くと思ったけれど、他のメンバーが同じように考えるとは限らないのだ。

もっともそれは僕の取り越し苦労というやつで、彼は最後までしっかり頑張って、EXILEの一員になった。

それが田﨑敬浩、つまりタカヒロだ。

「普通の子が、ある日突然ミリオンアーティストになったらヤバいよね」なんて言っていたけれど、たとえばドームのステージに立って、何万人という観客に向かって、自分の歌をうたうことが、どんなに大きなプレッシャーをともなうものか、タカヒロの成長を見ながら、改めて知った気がする。

タカヒロは見事にそれをやってのけ、EXILEの新しい風になった。あのオーディションから現在まで、彼は驚くほど成長したけれど、彼の参加によってEXILEもさらに大きく進化した。

彼が加わったことによって、僕らEXILEは7人となり、また新たな化学反応を起こし、サナギが蝶《ちょう》になるように新しく生まれ変わった。

そういう意味で、オーディションによって僕らは生まれ変わったとも言える。

さらにオーディションそのものが、社会貢献やファンのみなさんと直接触れ合うチャンスにもなり得るということを僕たちは学んだ。

応募者が何人になろうとも、EXILEのメンバーが直接オーディションすることにしていた。だからあのときは、全国の第1次審査会場を回って1万人の応募者全員に会った。もちろん2次審査も、3次審査もすべてEXILEのメンバー全員が立ち会って、直接審査した。

1万人の応募者の中から、EXILEのボーカルに選ばれるのはたったひとりでしかない。

だからこそ、1万人全員と僕らが直接会わなきゃいけないと思ったのだ。

長い時間と労力がかかった。でも、あれは素晴らしい体験だった。

本当にさまざまな人が応募してくれた。もちろん1万人の中には、ただの冗談で応募したみたいな人もいた。そういう人と会ったことにも、大きな意味があった。

オーディションの噂《うわさ》が、ものすごい勢いで広まっていったのだ。新聞やテレビで取り上げられたことも大きかったけれど、そういうメディアを介さない口コミでの情報の広がりには驚くべきものがあった。考えてみれば、これは当然予想されたことだ。

「俺、EXILEの前でうたったんだよ」

ひとりの応募者が、いったい何人の友だちにその話をするだろう。その友だちも、きっと他の友だちに話をするに違いない。

「僕の友だちが、EXILEのオーディション受けたんだって」

その友だちの友だちも、また他の友だちに話すかもしれない。

「私の友だちの彼が、あのオーディションに出たんだって」

友だちの友だちの友だちくらいまで考えれば、ひとりの応募者の噂話は、少なく見積もっても100人くらいには届く。とすれば**1万人の応募者の口コミは100万人に伝わることになる。**

しかもそれは、ただのニュースとは違う。実際にオーディション会場に自分が立って、僕らの前でうたったときの生の感情が、100万人に伝播《でんぱ》していくのだ。

応募資格は〝18歳以上の男性〟という以外に特に何もなかったから、本当にたくさんのいろんな人が応募してくれた。車椅子《くるまいす》で来てくれた人も少なからずいた。

みなさんそれぞれに夢を持って、僕らに歌を聴かせに集まってくださった。

そのこと自体とても嬉しかった。同時に彼らの夢や熱意に僕らは励まされた。そして自分たちの根っ子、自分たちの本質がなんであるかを改めて考えさせられた。

やはり僕らの根底にあるのは、夢を持つことの大切さだ。この成功に味をしめてというわけではないけれど、それを多くの人たちと共有できるように、それから僕らは定期的に大々的に、その場を作り続けるようになった。

2010年には三代目J Soul Brothersのボーカルを探すオーディション、2011年には女性のボーカルとダンサーをみつけるためのオーディションを開催した。

それぞれ約3万人もの応募者が集まり、三代目J Soul Brothersのボーカル、現在はE-girlsとして活躍する女性ボーカルやパフォーマーが何人も誕生した。

　そして2013年には世界で活躍できるアーティストを発掘するオーディションを開催。合格者には、3年間ニューヨークで暮らして音楽修業をする権利が与えられる。遠くない未来に僕らの想いをのせて、世界で通用するアーティストが誕生するんじゃないかと、とてもワクワクしている。

すごいビビリなんですよ。
本質はビビリ。

失礼なことのないように、
過激なことをするタイプかな。
準備とか根回しは、
ものすごくちゃんとする。

傷ついた話。

7人の新メンバーが参加して、EXILEが14人になったのは2009年3月のことだ。

そのアイデアを、最初にメンバーに話したのがいつだったかは憶えていない。前にも書いたように、何気なく、ほんの雑談みたいな感じで話すことが多いからだ。

その方が、話を聞いた人が、どう思っているかがよくわかる。改まって「これから重大な発表があります」なんて感じで話し始めたら、反対しにくくなるに決まっている。

必要なのは心からの理解であって、表面上の賛成ではない。

みんながその気にならなきゃ、なんの意味もないのだ。

だから、1週間寝ずに考えたアイデアでも、冗談みたいな感じで何気なく話す。そのとき理解が得られなかったら、少し時間を置いて、また違う角度から話す。

ちょっと次元が違うかもしれないけれど、子供のおねだりみたいなものだ。

サッカーボールが欲しいけれど、「駄目だ」って親父《おやじ》に言われたとして、そこで泣きわめいたりしたら逆効果だ。「絶対に、買ってやらん！」ってことになる。

それより、「うんわかった」と、そこは素直に引き下がった方がいい。父親も「おや？」と思うはずだ。

そして少し時間を置いて、また話す。説得はしない。夢を語るときと同じように、とにかく自分の気持ちを話す。

その間に、どうしてサッカーボールが必要なのか、自分はそのサッカーボールで何をしたいのかよく考える。それを父親にちゃんと伝わるように話すわけだ。

そこでまた駄目だと言われても、諦めずに同じことを何回も繰り返すのが、サッカーボールを手に入れるいちばんの近道だと僕は思う。

もちろん、それで必ず買ってもらえるとは限らないけれど、少なくとも自分の気持ちはわかってもらえる。大切なのは、お互いに理解し合うということだ。

まあ、これは余談だけれど。

人数を増やす話を初めてしたのがいつかはもう憶えていないけれど、

みんなのリアクションがあまり良くなかったことだけは憶えている。

賛成するとか反対するとかの前に、いったい何を言っているのだろうという反応だった。

「え、もう1回説明してもらえますか？　どういうことかわからないんですけど」みたいな。

はっきり口に出して言われたわけではないけれど、内心はそんな感じだったはずだ。

いつも一緒にいるメンバーからして、僕が言い始めた当初はそうなのだから、発表したときに、ファンのみなさんや世間の反応が厳しかったのは仕方がない。

厳しかったなんてもんじゃない。

発表した途端に、猛烈な逆風にさらされた。

おまけに、メンバーとは何度も話し合ったし、最終的にはもちろんみんなが賛成してくれて、全員一致で魂を込めて挑戦したはずなのに、僕ひとりが完全に矢面に立たされて悪者になっていた。まあ言い出しっぺは他ならぬ僕だったのでしょうがないかもしれないが。

あれはマジでキツかった。

このときにリーダー、そして社長という立場の責任の重さを改めて痛感した。

手紙とかを直接、僕に手渡しに来る人もたくさんいた。しかも、そういう手紙にはだいたい名前が書かれていない。匿名だから遠慮がないのかわからないけれど、本当にここには書けないような、ものすごくひどいことが書かれていたりした。

二代目J Soul Brothersのファンの方たちからの抗議もあった。なにせ、新しく加わる7人はそっくり二代目のメンバーなのだ。本人たちはＥＸＩＬＥに参加できることを喜び、闘志を燃やしていたけれども、それは二代目J Soul Brothersがなくなるというふうにとらえられた。

話が横道にそれるけれど、実際には二代目があれで消滅したわけではないことは、今ではファンの方たちにもわかってもらえたと思う。

ＥＸＩＬＥとしての活動をしながらも、二代目のメンバーは二代目としてステージに立っている。三代目J Soul Brothersと二代目のバトルライブも開催できた。ＥＸＩＬＥに参加することで、二代目のメンバーは自分たちの音楽性やパフォーマンスの質を、さらに高めている。

今も二代目J Soul BrothersはＥＸＩＬＥの中で輝き続けている。それがＥＸＩＬＥのエンタテインメントのあり方だと思う。

まあ、それはともかく。

あの頃は、なかば本気で、嫌われ続けるんじゃないかと思ったくらいだ。

ファンの方たちの気持ちは、痛いほどよくわかるのだ。

彼らや彼女たちは、心底ＥＸＩＬＥのことを愛してくれているんだと思う。

愛しているからこそ、あんなに怒っているわけで、そういう意味ではとてもありがたいことでもある。

確かに、メンバーの数をいきなり2倍にするなんて、いくらなんでも突拍子もない話だ。

自分でも、テレビで観ると14人はやっぱり多いなあと思うこともある。

けれど、それは僕らの夢を現実にするためには、どうしても避けて通れない道だった。

僕らのエンタテインメントのコアは、あくまでもライブなのだ。

ライブに来てくれたすべての人を心の底から感動させることが、僕たちＥＸＩＬＥの使命だと思っている。

テレビとかインターネットとかいろんな媒体を通して僕らの音楽とパフォーマンスを発信していくことも大切だけれど、やはり観客と直接向かい合えるライブこそが、僕らにとってはとても大切なエンタテインメントなのだ。

僕らの理想のライブを極めるためにも、ＥＸＩＬＥの未来を切り開くためにも、このタイミングでメンバーの数を増やすことに意味を感じた。

人数が多くて名前が憶えられないと、まあ温かいツッコミなのはわかっているけれど、テレビで言われたりもした。

正直に言えば、あと数年くらいは7人のままのＥＸＩＬＥを続けてもよかったかなあと思うことはある。何もかもが上手く行っていたわけだから。

でも、やはりあのときで良かったと思っている。

ＥＸＩＬＥ第二章でアキラとタカヒロが参加したときから、ずっとそういう経験をしてきた。

つまり、エンタテインメントのあり方として、いつも先手先手でインパクトを創造していかなきゃいけない。こんなに人気があるんだから、なにも今やらなくてもという声もあった。それでも、僕に言わせれば、だからこそ、あのときやらなきゃいけなかった。

山の頂上に登ったら、あとは下りるしかないのだ。下りたくなかったら、次に目指す新しい山頂をみつけなきゃいけない。人数を増やすのは将来への布石なのだ。

しかもそれは、絶頂期でやるのがいちばん僕たちらしい。

ファンのみなさんを戸惑わせてしまって申し訳ないとは思う。いや、本当に、心からそれは申し訳なく思います。ごめんなさい。

でも、戸惑うのはほんの一瞬のことであって、時間が経てば絶対に納得してもらえるように周到な準備をしていた。

たとえばネスミスは、テレビ東京の「ASAYAN」の時代からアツシとオーディションで競い合っていた。ケンチもケイジもテツヤもショウキチもナオトもナオキも、みんなそれぞれにEXILEのメンバーとの物語や因縁があった。

7人全員が、それぞれ加入するべくしてEXILEに加入したのだ。いろんな人間関係が交錯して、しっかりストーリーがあって、「じゃあみんなで一緒にやろうぜ」ということで、EXILEのメンバーが増えてEXILE第三章が始まったという話なのだ。

一度に7人も増やすのは乱暴に見えるかもしれないけれど、ひとりひとりを丁寧に見ていけば、それぞれにあそこでEXILEのメンバーになる理由があった。

世間のみなさんに対して、決まるまでの過程を事前に丁寧に説明すべきだったのかもしれないけれど、それは実際問題難しかった。

エンタテインメントはインパクトが大切だから、なるべくインパクトのある発表をしよう、思い切り刺激的にドカーンと一気に行こうということで、ああいう発表の仕方になったのだが、刺激的すぎたのか、僕らの予想以上の逆風が吹いた。一時は、世界中が敵になってしまったような気がしたものだ。

かなり落ち込んだ。でも、それを乗り越えられたのは、ライブの方法、テレビでの露出、ビデオクリップの内容などなど、さまざまな準備をしていたからだと思う。初めてのセンターステージのツアーもそのひとつだ。14人のメンバーがいて初めてあれだけのスケール感のある、派手なエンタテインメントとして成立できた。そういうツアー活動によって1年がかりで全国を細かく回って、ファンのみなさんにライブで証明していこうと、なぜ人数を増やして勝負するのかを身をもって行動で証明していくつもりだった。

もちろんファンクラブのみなさんには、手紙も出したし、できる限り丁寧に説明したつもりではあるけれど、言葉だけでわかってもらうのはなかなか難しいから。

やっぱり実際に見てもらおうということで、そこからはものすごい勢いで、ツアーを回り、さらに作品をリリースしていくという流れになっていった。

その集大成とも言えるのが、2010年に開催した「ファンタジー」という、スタジアムツアーだった。観客動員数は110万人を超えた。メンバー7人であのスケールのエンタテインメントを、僕らの理想とするレベルにまで近づけるのはほぼ不可能だった。EXILEが14人になったからこそ、あれだけの成功を収め、多くの人たちに喜んでいただけたのだと思う。

それからもうひとつ。

メンバーを14人に増やすことを発表したこのときから、僕は自分のパフォーマーとしての引き際を口にするようになった。

EXILEは表面上の形を変えても、その魂は変わらない。

逆に言えば、魂を不変のものにするために、永遠に輝き続けるために、表面上の形を変えていくのだ。

メンバーを一気に14人にするという大きな変化は、そのことを言葉ではなく、現実の行動で象徴的に宣言したという意味もある。

僕の引退宣言をするのにも、それはちょうどいい時期だった。

タカヒロを選んだあのオーディションのときは、新しいボーカルが決まるまでの一部始終をできる限り一般公開し、新メンバーの参加を丁寧に説明していったのに、メンバーをいきなり7人増やしたこのときは突然の発表で、ファンのみなさんを一時的にせよ驚かせる結果になった。

どちらもＥＸＩＬＥというチームの形を大きく変化させる、ある種の大手術だったわけだけれど、僕の中では、このふたつは矛盾していない。それぞれに状況が違うからだ。

ＥＸＩＬＥの第二章の始まりとなった２００６年のオーディションは、ボーカルの脱退というＥＸＩＬＥにとってのひとつの危機を乗り越えるためのものだった。だから新メンバーが選ばれるまでの過程を、ファンのみなさんにも共有してもらって、理解していただいた方がいいと思った。危機のときというものは、どうしても人は不安に陥りやすい。その不安を解消するには、丁寧に事情を説明して、理解していただくのがいちばんだと僕は思う。

これに対して、２００９年にメンバーを増やしたときは、自分で言うのもなんだけれど、ＥＸＩＬＥは絶好調だった。ほとんどのことが上手く行っていた。普通なら、そこで何かを変えようなんて思わない時期だ。でも、だからこそ、僕は次のステージに進まなきゃいけないと感じていた。何もかもが上手く行っているときこそ、そこで何かを仕掛けなければ、物事は停滞する。その停滞を打ち破るための、大きなサプライズがメンバーの人数を一気に2倍にするというあの発表だった。サプライズであるからには、秘密裏に行わなければならない。それで突然の発表になった。

ＥＸＩＬＥというチームは、これからも変化していく。その変化の仕方に、大きく分けてふたつの手法があるということだ。徹底的な情報公開を基本にするオーディションか、それとも秘密裏に進行するサプライズか。そのときによって、最適な変化の方法を僕らは選ぶつもりだ。

ひとつだけ、約束できるのは、どちらの手法を採用するにしても、変化するたびにＥＸＩＬＥはより深く、より魅力的になっていくということだ。

できればこれからもずっと、僕たちの変貌を見守っていただきたい。

ＥＸＩＬＥがずっと輝き続け、ファンのみなさんの人生のパートナーとして必要とされるために。

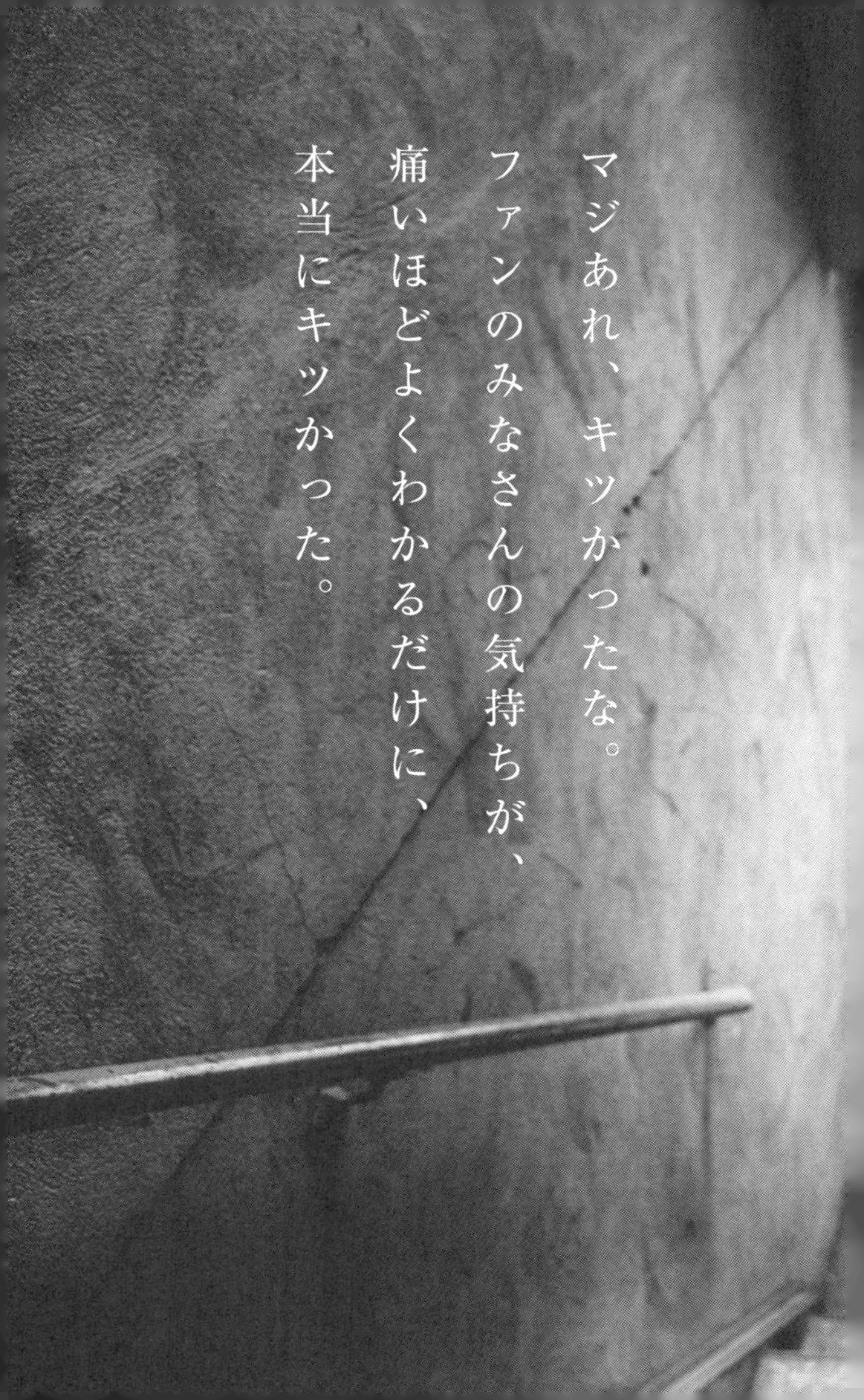

マジあれ、キッかったな。
ファンのみなさんの気持ちが、
痛いほどよくわかるだけに、
本当にキッかった。

テレビで観ると14人は多いなって思うんですけれど、
僕らのエンタテインメントのコアはライブなんです。
２０１０年に「ファンタジー」っていう１１０万人
動員したスタジアムツアーをやったんだけれど、
７人だったら
あんなエンタテインメントは絶対にできなかった。

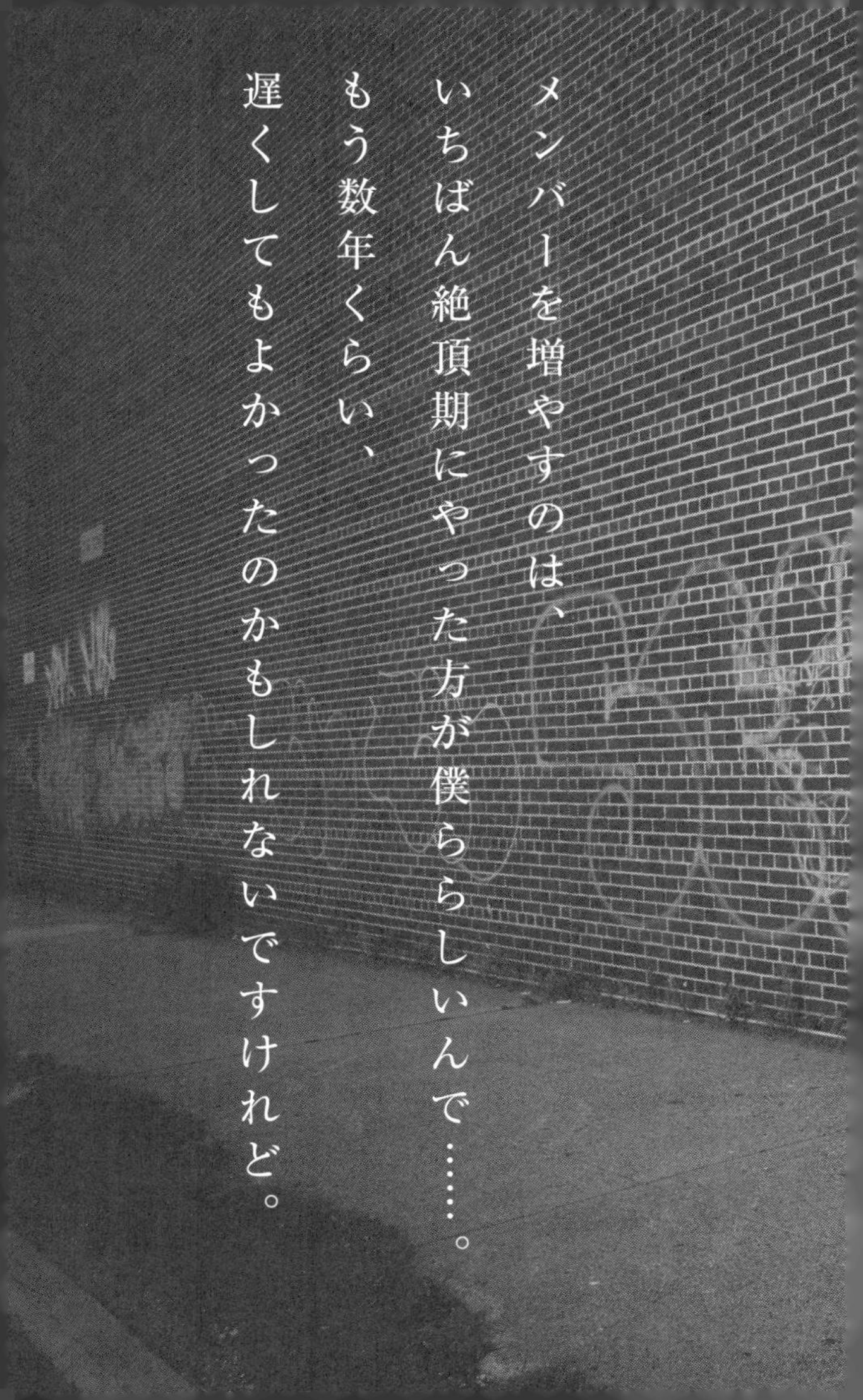

メンバーを増やすのは、
いちばん絶頂期にやった方が僕ららしいんで……。
もう数年くらい、
遅くしてもよかったのかもしれないですけれど。

スケジュール命。

スケジュールを自分のものにできるかどうかで人生が決まる。

それくらいの覚悟で、スケジュール帳とにらめっこした方がいいという話を、所属の若い子たちによくする。

僕らの仕事が普通の人とちょっとだけ違うのは、ボーカルにしてもパフォーマーにしても、細かいところまでスケジュールを自分ですべて決めることができないということだ。

特に若いタレントは、仕事があるかどうかが運命の分かれ道みたいなところがあるので、基本的にタレントのためになると思えばマネージャーは積極的にどんどん仕事を入れてくる。もちろんコミュニケーションはとれていると思うけれど、それはもう入れられるスケジュールならどんどん入れる。

これを逆にタレントの側から見れば、自分のキャパシティ以上にスケジュール帳に、勝手に予定を書き込まれていくことになってしまう。

そこでスケジュールをしっかり自分のものにして、自分で時間をコントロールしていかないと、スケジュールに追われる生活になってしまうのだ。

仕事がたくさん入って、いつも忙しくしていられるのは嬉しい。それはタレントの本能みたいなものだ。仕事をするかしないかで収入も決まってしまうわけだから、それは当たり前のことではある。

だけど、いくら忙しくても、自分の心が入っていない限り、そのスケジュールは所詮他人の作ったものでしかない。そのスケジュールに従っているだけでは道は開けない。

大切なのは、たとえ他の人が作ったスケジュールであっても、きちんと自分のスケジュールを把握して、スケジュールを自分のものとしてしっかり意識すること。

そうすれば、他の人が立てたスケジュールも、自分の時間にできる。

スケジュールを自分のものにするということは、自分の時間を自分のものにするということだ。

そして時間を自分のものにするということは、自分の人生を自分のものにするということなのだ。

自分の人生は、自分のものに決まっている、と言う人もいるかもしれない。

だけど、他人の立てたスケジュールに黙々と従うだけの生き方では、自分の人生を生きているとは言えない。

タレントだけの話ではない。

今の世の中に生きている、すべての人に当てはまることだと思う。

自分は、自分の人生を生きているだろうか。

自分への反省として、よくそのことを考える。

少なくとも僕らの世界では、そのことをちゃんと理解している人が売れると思う。

アキラもタカヒロも、そういうところが感心するくらいしっかりしている。

いつもスケジュール帳はびっしり埋まっていて、自分の時間なんてないように見えるけれど、彼らはスケジュールをしっかり自分のものにしている。

アツシなどは、スケジュール帳に書き込まれている予定のほとんどが、何年も先の夢と、その実現にしっかりと結びついているんじゃないかと思う。

スケジュール帳に書き込まれた具体的な予定が、将来の夢の実現にしっかりつながるようになったらしめたものだ。日々の予定をしっかりこなしていくだけで、夢は自動的に実現するわけだから。

その域に達するための第一歩が、スケジュール帳とのにらめっこだ。他人に決められたスケジュールを、しっかり自分のものにするところから夢の実現は始まるのだ。

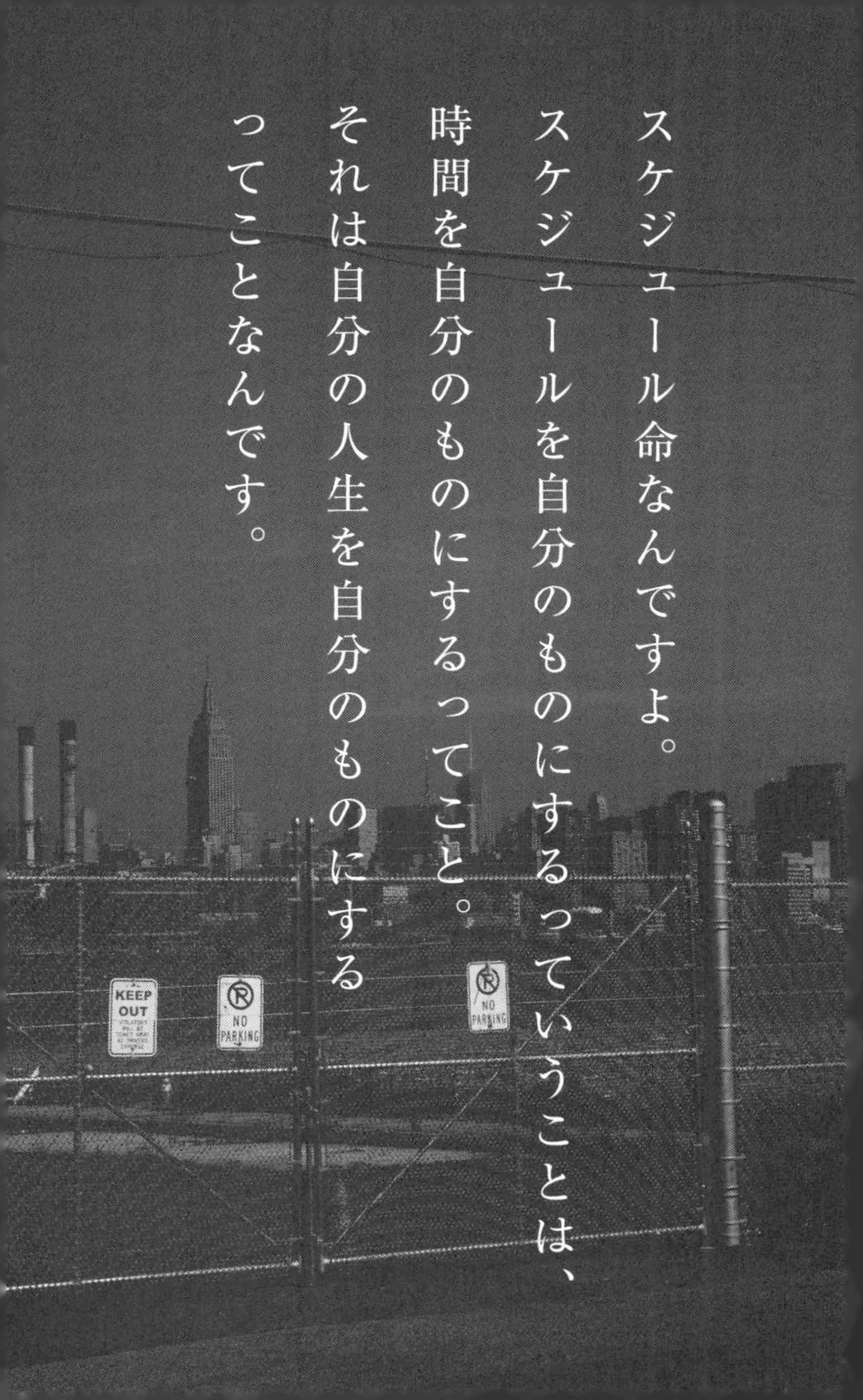

スケジュール命なんですよ。
スケジュールを自分のものにするっていうことは、
時間を自分のものにするってこと。
それは自分の人生を自分のものにする
ってことなんです。

引退後の生活。

正直に言って、引退前とほとんど何も変わらない。

相変わらずカラダはめいっぱい鍛えているし、ダンスの練習も少しはしている。

ひとつだけ変わったことがあるとしたら、なるべく毎朝10時に会社に行くようになったこと。

引退前は、パフォーマー兼社長ということで、仕事の時間配分はかなり自分の自由にさせてもらっていた。引退したからには、その言い訳は通じないだろうということで、毎朝10時出社を心がけるようになった。

何か新しいことを始めるときには、自分に気合いを入れるために、まず決め事をするタイプなので……。

それが当たり前だと怒られそうだけれど。

10時に出社できないときは、10時にみんなにメールを入れる。

10時に出社したら朝礼で、ひと言喋《しゃべ》る。

これも必ず。

まあ、これは、「出社」アピールだ。せっかくちゃんと出社したからには「俺は出社してるよ」と、スタッフに伝えたい。

そして社員ひとりひとりが、1日の自分の時間をコントロールできるスタートにしてもらいたい。それが僕が朝いちばんに出社する理由だ。

おかげで10時に出社する社員がものすごく増えたそうだ。

普通の会社に勤めている人は信じられない話だろうけれど、この業界は夜が遅いこともあって、朝の出社時刻がかなりいい加減なのだ。

まあ、僕も引退前は、その出社時刻をまったく意識していなかったから、偉そうなことは言えないけれど。

EXILE ROOM

EXILE
EXILE VOCAL BATTLE AUDITION
EXILE ENTERTAINMENT
ALBUM
EXILE LOVE
EXILE CATCHY BEST
EXILE BEST

第二章　バカ

こんな俺たちだってできたんだから。

「こんな俺たちだってできたんだから、誰だってできるよね」

古株のダンサーチームが集まると、よくそういう話をする。

「こんな俺たちだって」というのは、「あんなにバカだった俺たちだって」という意味だ。

誰だってできるというのは、でっかい夢をかなえるということだ。

夢の方は、まだまだかなえなきゃいけない大きな夢があるから、ここで息を抜くつもりはないけれど、とりあえずちょっと後ろを振り返って、今まで登ってきた道を見下ろしただけでも、なんだかめまいがする。

初代のJ Soul Brothersがデビューした1999年に戻って、これから15年であそこまで登れるよと、今いる僕らの場所を指さしたら、マッちゃんも、ウサも、マキダイも、きっとひっくり返るに違いない。あの頃の僕らは、呼ばれればどこへでも行ってライブをやっていた。日曜の昼間のショッピングセンターで、汗を流して踊っていたのだ。

そういう時代に。

「きっとメジャーになれる」とか。

「いつかまた武道館でコンサートをする」とか。

「俺たちならCD100万枚だって夢じゃない」とか。

彼らを焚《た》きつけるためにも、自分を鼓舞するためにも、でっかいことをさんざん言ってきたつもりだけれど、それよりもずっと大きなことが、猛烈な勢いで現実になっていった。

10年かそこらで、自分たちが日本中のスタジアムを満席にして、110万人もお客様を動員できるようになるなんて、僕だって想像もしなかった。EXILEだけじゃなく、弟分妹分の三代目J Soul BrothersやGENERATIONS、E-girlsまでが人気者になって、日本全国に僕らの夢だったダンスとボーカルのスクールEXILE PROFESSIONAL GYM（以下EXPG）ができて、さらには海外にまで（EXPGは台北《タイペイ》校がありニューヨークにも開校予定）進出するなんて！

自慢するつもりはまったくない。

もう充分夢をかなえたから、このくらいでいいやと止まるつもりもまったくない。

夢見たことを、僕らは着々と実行してきただけだ。

もちろん僕らだけで、この夢をかなえたわけではない。

たくさんの人の、本当にたくさんの人の、献身と支援があったから、実現した夢だ。

だけど、それでも。

ときどき、ふと、不思議な気持ちにとらわれるのだ。

「こんな俺たちだってできたんだから、誰だってできるよね」って。

それは、謙遜でもなんでもない。

本当に、心からそう思う。

10代、20代の頃、僕はものすごく適当な生き方をしていた。

その日暮らしの生活が大好きで、将来のことも、なんのために生きるのかも、まともに考えたことがなかった。

とにかく**好奇心が化け物みたいに旺盛**

で、その好奇心に突き動かされるまま、自分のやりたいことだけをやって生きていた。その好きなことが、受験勉強とか、あるいは音楽とかスポーツとかならいいけれど、僕が夢中になったのは、遊びだった。

将来のことなんて、ほとんどなんにも考えずに、好き勝手に遊びまくっていた。

18歳で家を出て、そこからはずっとひとり暮らし。

何かを考えるとしたら、明日はどこで遊ぼうとか、俺をフッた女の子をどうやって見返してやろうとか、そのくらいのこと。

そういえば、ディスコでアルバイトを始めたのも、今まで相手にされなかった女の子たちにチヤホヤされたかった、振り向かせてやろうと思ったのがきっかけだった。負けず嫌いだったのだ。

あの頃は、時間が永遠にあるような気がしていた。

そして、その永遠の時間の中で、僕は無敵だった。

遊んでいるうちに、ダンスと出会い、ダンスに夢中になっていたら、いつの間にかZOOのメンバーとしてデビューしていた。曲が大ヒットし、テレビにもどんどん出るようになって、武道館のステージにまで立っちゃって、ニューヨークに通ってクラブに入り浸ったり、ボビー・ブラウンに可愛《かわい》がられて、彼のライブで日本のソウル・ブラザーズって紹介されたり……。

そりゃ、無我夢中でダンスの練習はしたけれど、それはやっぱり遊びの延長で、つまりロクになんにも考えずに、やりたい放題遊んでいただけのことで。

本当にバカだったというか、真実が見えちゃいなかった。自分たちがカッコいいから売れるんだと思っていたけれど、本当はステージを作ってくれた大人たちがいたからだ。

それなのに、自分たちの力だけで有名になったような気になって、いきがっていた。

今考えると、顔から火が出るくらい恥ずかしい。

恥ずかしすぎてとてもここには書けないような、バカなことを山ほどやっていた。

そんなバカな俺たちだって、ここまで来ることができたのだ。

その気にさえなれば、きっと誰だってできるはずだ。

本当に、心の底からそう思う。

バカでも気づくことができるんだと、気づく心を自分の中で育てることができれば、未来は変えられる。僕はそのことを身をもって知った。

ストリートスマート。

昔は本当に、本を読まなかった。

いや、駄洒落《だじゃれ》でもなんでもなく。

好きなことしかしない子供だったから、じっと椅子に座って活字を追いかけるのがものすごく苦手だった。そういう目に遭おうものなら、なんとかして逃げ出すことだけを考えていた。

それじゃあ、本なんか読めるようになるわけがない。

本を読むのは、自転車に乗るのと同じで、おそらく訓練が必要なのだ。

大人になって、仕事で必要だから読むようになったけれど、小説のたぐいはあまり読まない。読むのは基本的に、ノンフィクション。

ノンフィクションは結構好きだ。特に自分のまったく知らない世界について書かれた本は、こういう世界もあるんだなあと、わくわくしながら読む。

ビジネス書は、普通の人とちょっと読み方が違うかもしれない。参考にするというより、答え合わせのために読んでいる。

なんと言えばいいか、会ったこともない知らない人の意見を聞くのがあんまり好きではないのかもしれない。

たとえば「こうすれば人生上手く行く」みたいなことを誰かが書いていたとして、その通りやることにものすごく抵抗を感じてしまう。はっきり言うと、そんなことをしたら、自分が負けてしまった気分になる。

子供の頃ほとんど本を読まなかったのは、そういう理由もある。

本を読むと、そこに書いてある意見に染まってしまうような気がしてなんだか嫌なのだ。

だから今も、ビジネス書を読んで、自分の考え方の参考にすることはあまりない。

過去の自分の問題解決法が間違っていなかったことを、本を読んで確認するという読み方にどうしてもなってしまう。

「ああ、この人もこう言っている。僕のやり方は間違っていなかったんだ」というような。

屈折した、本の読み方ではある。

これも、子供の頃に本をまったく読まなかったせいだろうか。

ある人たちが、僕のことを「ストリートスマート」だと言った。

僕はこのとき初めて、この言葉を知った。

ストリートの知性、つまり、本を読んで勉強するんじゃなくて、街での実地経験で養った知性ということらしい。

なんだか照れくさかったけれど、言われたときは少し自信にもなった。

それはともかく、**大切なのは本を読むかどうかということより、いつも自分の頭で考えることだと思う。**

本をどんなにたくさん読んでいても、大切なときに的確な判断ができなかったら意味はない。

それは本を読むばかりで、自分の頭で考えないからだろう。インターネットの時代になって、そういう傾向はより激しくなったような気がする。

本やインターネットの中には、人類の英知が詰まっている。そこから学べることは無限にあるけれど、でもだからといって、それだけになってしまったらいけないと、本を読まない子供だった僕は思う。風の呼び名ひとつとっても、辞書やインターネットで調べれば何個も何十個もみつけることができる。だけど、その名前を全部憶えることよりも、実際に外に出て、自分のカラダで風を感じることの方が、生きる上ではずっと大切だと思う。

自分の経験があって初めて、知識は役に立つのだと……。

もちろん知識はないよりもあった方が良いに決まっている。今の僕はもっといろいろな知識を得る必要があるとも思っている。知識があれば今の夢がもっと広がることを経験しているから。今さらだけれど、僕なりにこれからは本をたくさん読もうと思っている。

もしも、歌がうたえたら。

歌が上手くうたえたら、歌手になっていたかもしれない。

けれど、残念ながらうたえなかった。

ZOO時代にラップやDJの真似《まね》ごとをしたことがあるけれど、すぐに飽きてやめた。

歌はうたえないけれど、カラダを動かすのが大好きだった。そしてあの頃、世の中にバンバン流れていたアメリカ発の音楽に夢中だった。小林克也さんの番組「ベストヒットUSA」なんて、今思い出しても胸が震える。

ダンスを始めたのは、ごく自然の成り行きだった。と言っても、誰かにきちんと習ったわけじゃない。見よう見真似で憶えて、当時流行《はや》りのディスコで夜ごと踊って遊んでいただけのこと。それがいつの間にか、ダンサーと呼ばれるようになっていた。

あの頃、ダンサーはモテたけれど、音楽業界の主役ではもちろんない。バックダンサー、あくまでも歌手の後ろに控える存在だった。

そのダンサーがリーダーになって、音楽業界に勝負をかけるなんて。なんと言えばいいか、まあ、要するに、強引なのだ。

ボーカルの横で、ダンサーがメンバーとして踊っているなんて。

ダンサーチームが集まったとき、よくみんなで笑い話にする。

「ダンサーって、本当に要るの？」

ダンサー同士だから、そんなことが言えるのかもしれない。

真面目《まじめ》な話、ダンサーがいなくても、ステージは成立する。またダンサーはダンサーとしてステージを盛り上げればよい。ダンサーがアーティストとしてステージにいなきゃいけない理由はない。

だけど、僕らはそこでアーティストとして踊る。

強引中の強引だ。

最初の頃は、メチャクチャ言われた。

「要らないよ、ダンサーなんて。ボーカル見えないじゃん」って。

それが今では……。ダンサーひとりひとりに人気が出て、ダンサーがテレビの世界や音楽業界でもタレントとして、ひとりの表現者として認知されるようになった。

昔はそんなこと、とてもじゃないけれど信じられなかった。ただ、ぼんやり、ダンスで飯を食えたらいいなあって、夢見るくらいのものだった。

それが、こんなことになるなんて。

今やダンスは、文部科学省の学習指導要領で、中学校の必修科目の選択肢のひとつになった。最初、話を聞いたときは、冗談かと思ったくらいだ。僕らが踊り始めた頃、ダンサーは不良のイメージだったのに。

変われば変わるものだ。

別に僕らが変えたわけじゃないとは思うけれど、でもとにかく、そういう時代の流れにのっかって、ここまでやってくることができた。

もしも歌がうたえたら、きっとこうはならなかった。

何もできなくたって、気にすることはない。

やりたいことを、やればいい。

自分の夢に向かって突き進めば、道はきっと開ける。
大事なことは、突き進むことだ。
強引なくらいがちょうどいいんじゃないかと、僕は思う。

もし歌がうたえてたら、
今の僕はなかった、と思います。

EXILE PRIDE
EXILE LIVE TOUR 2013
9.27
FINAL
2014.3.31 ON SALE!!
DVD
Blu-ray
祝
EXILE
ATSUSHI 出演、TBS
視聴率16.6%
1位
4DISC

LDH

Love + Dream + Happiness

URN
MACHINE

BURN
MACHINE

究極のライブ。

お客さんに心から感動してもらうためには、結局のところ、どこまでも妥協せずに本物の感動を追求すること以外に方法はない。

だから僕たちは、EXILEの初期の頃からずっと、ツアー前に徹底的にリハーサルを重ねてきた。

リハーサルのために、ライブの本番とまったく同じセットを組むのだ。

たとえばドームツアーのリハーサルなら、本物のドームを借りてそこに実際のツアーの舞台と寸分違《たが》わぬセットを組み上げる。秋田県の大館樹海ドームには、長年お世話になっている。

そのセットは、トラックで軽く150台分にはなるのだけれど、それをすべて秋田まで運んでセットを組み立てる。スタッフの数もハンパない。僕らは約500人で何週間もそこに泊まり込んで、リハーサルを重ねる。

このリハーサルだけで億単位の経費がかかるけれど、金額は問題じゃない。

リハーサルにリハーサルを重ね、当たり前のことだけれどツアーの初日から完璧なステージをみなさんに見せられるように、自分たちにできるすべてのことをやるしかない。

世界は今、無限に近い情報であふれている。

だからこそ、これからはますます、本物しか生き残れない時代になっていくと思う。

自分たちが本物であり続けるために、これからも一切妥協せずに究極のライブを追求していくつもりだ。

究極のライブとは、目に見えない部分も究極であるべきだと僕は思う。

表面を見るだけでは伝わらない何かが必要なのが、究極のライブだ。

そのためには、メンバーを含め、スタッフの努力、チームとしての総合力を高めることが必要だとも思う。

努力は嘘をつかない。

自分たちにできる限りのさまざまな努力を重ねることこそが、究極に近づけるただひとつの道だと信じている。

腹筋を6つに割る方法。

腹筋を割るにはどうしたらいいですかって、ときどき聞かれるけれど、それは簡単だと思う。

1日1万回腹筋運動をすればいい。

1万回が無理なら1000回。

1000回が無理なら100回。

ただし、それを毎日続けること。

半年続ければ、絶対に割れる（もちろん好きなだけ食べて飲んでいては無理だけれど）。

そんなの当たり前といえば、当たり前だ。

要は、やるかやらないか。

腹筋を割りたいか、別にどうでもいいか。

身も蓋もない話だけれど、それが現実だ。

今のところ、暇さえあればトレーニングをしている。

きっかけはまだ30代前半の頃、タバコをやめて肉体改造に着手、バランスを考えずに、とにかく食べてはトレーニングをして筋肉を増やしてしまったことがある。体重はベストを10キロも超えた。

その状態でライブをやって、ライブ中に、マジで死にそうな目に遭った。

それで反省して、カラダを絞りながら、ダンスに必要な筋肉を合理的に鍛えるという方法に切り替えた。

僕のダンサーとしてのベスト体重は64キロ前後。ツアーの2ヶ月くらい前から、そこを目指して体重を落とし始める。普通はだいたい4キロから5キロくらい体重を落とすことになる。

トレーニングが上手く行って、カラダがきちんと絞れてくると、達成感というか、やり遂げたという満足感が強くなる。この感覚がとても好きだ。

トレーニングをすると自信がつく。

体が健康であると心も健康になる。

そのためにもトレーニングは、パフォーマーを引退した今も続けている。

過去への好奇心。

今までただ遊んでいただけみたいな子が、ある日突然ポーンとこの世界に放り込まれ、人気者になったときに、そのまま何も考えなければ、それで終わってしまう。

残念なことだけれど、そういう例が本当にとても多い。かつての僕が、まさにそうだった。何もかもが大人がお膳立てしてくれたことでしかないのに、何もかも自分の力で手に入れたような気になって、気づかなければいけないことに気づけずに偉そうな顔をしていた。今思い出しても恥ずかしくなる。

前に触れた、時間をコントロールする話で、もうひとつ忘れてはいけないのは、現在と過去と未来を考え、今いる自分の環境や状況を客観的に把握すること。その中でも、過去に好奇心を持つことが何かのヒントにつながると僕は思っている。

未来の夢を実現するために現在がある。その現在があるのは過去のおかげ。現在過去未来は、バラバラのものなんかじゃなくて、もちろんひとつにつながっている。

未来はビジョンだ。自分が将来やりたいことのために、人は目標を立てる。その未来から逆算して、今自分は何をやるべきかを考えて、計画を練る。

未来と現在については、夢を持っている人なら、誰もがある程度はちゃんと考えているだろう。けれど、そういう人でも、案外忘れているのが、過去に遡《さかのぼ》って考えることだ。

若い頃は、この過去への好奇心がどういうわけかとても弱い気がしてならない。

今の若い子なんて言ったら、自分がすごくオジサンになった気がするけれど、彼らは生まれたときから豊かに育ったからだろうか、何事に対しても余裕たっぷりなのだ。

だから自分の身の回りで起きることを、不思議に思わない。

なんでも最初からそこにあるのが当たり前だから、過去に関心が行かないのだろう。

ゲームの世界みたいに、必要なものはすべてあらかじめ存在している。存在しているものを「なんでこれはここにあるの?」とは思わない。だってそれがゲームだから。

けれど、現実はゲームの世界とは違う。存在しているすべてのものには、それがそこにある理由と歴史が必ずある。

わかりやすく言えば、今まで語ってきたように、ＥＸＩＬＥにだって、ＥＸＩＬＥが今こういう形になっているそれなりの理由と歴史があるわけだ。ＬＤＨという会社を作ったのにも、それなりの理由と経緯がある。

同じ若い子でも、そういう過去に好奇心を持つ子と、まったく持たない子がいる。

もちろん関心を持たない子の方が圧倒的に多い。そして、僕の経験によれば、大きく成長するのはだいたい、少数派の、過去に関心を持つ子なのだ。

過去に好奇心を持ち、過去のことを知れば知るほど、今の自分が生かされている理由がわかるからだと思う。

自分が生かされている理由がわかれば、感謝の気持ちが湧いてくる。謙虚になる。そして謙虚になれば、自分がこれから何をすべきかも自然に見えてくる。

近頃は自分の夢がみつからないという若者が多いらしいが、未来に迷ったら、まず足下の過去をみつめてみるといい。

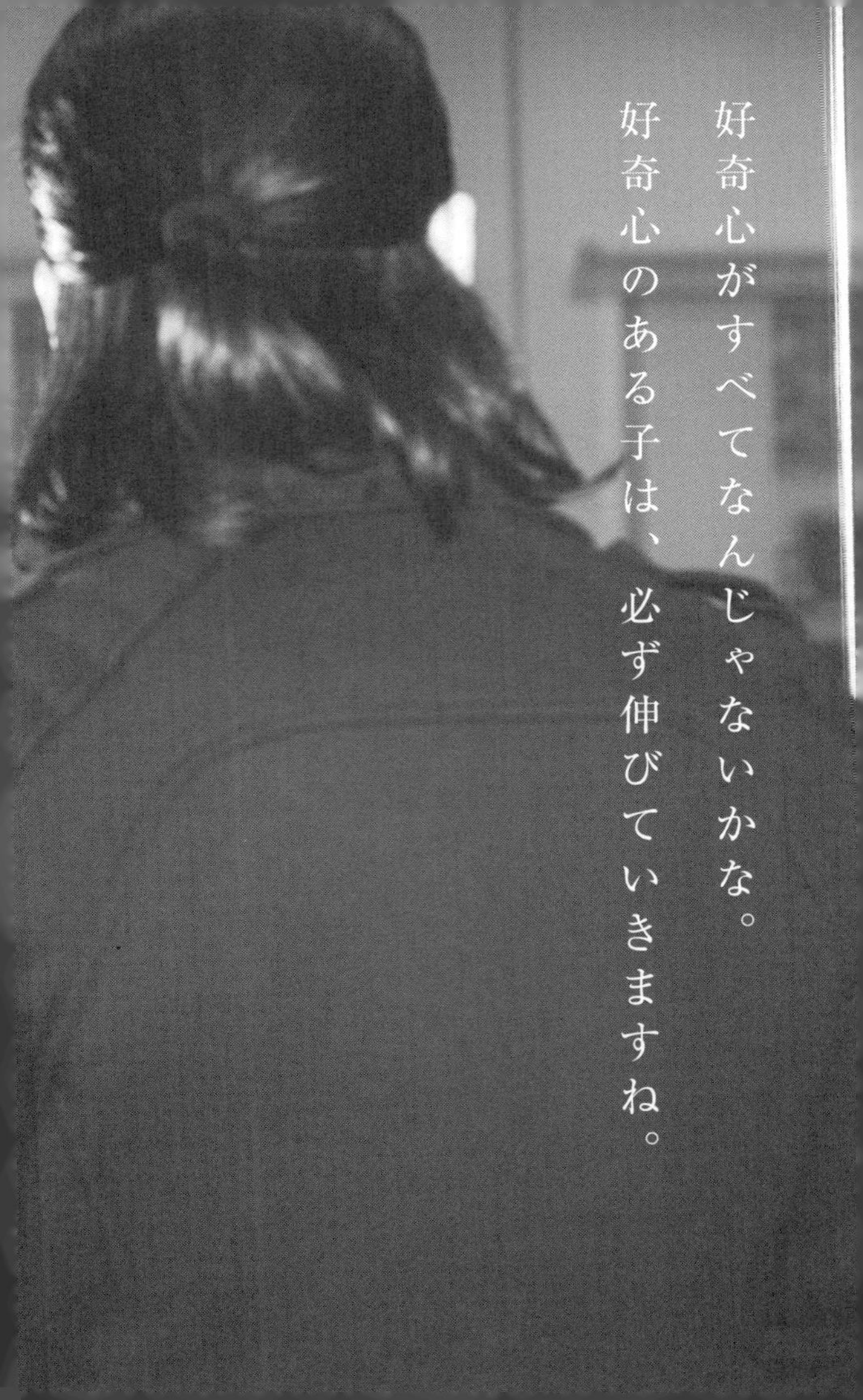

好奇心がすべてなんじゃないかな。
好奇心のある子は、必ず伸びていきますね。

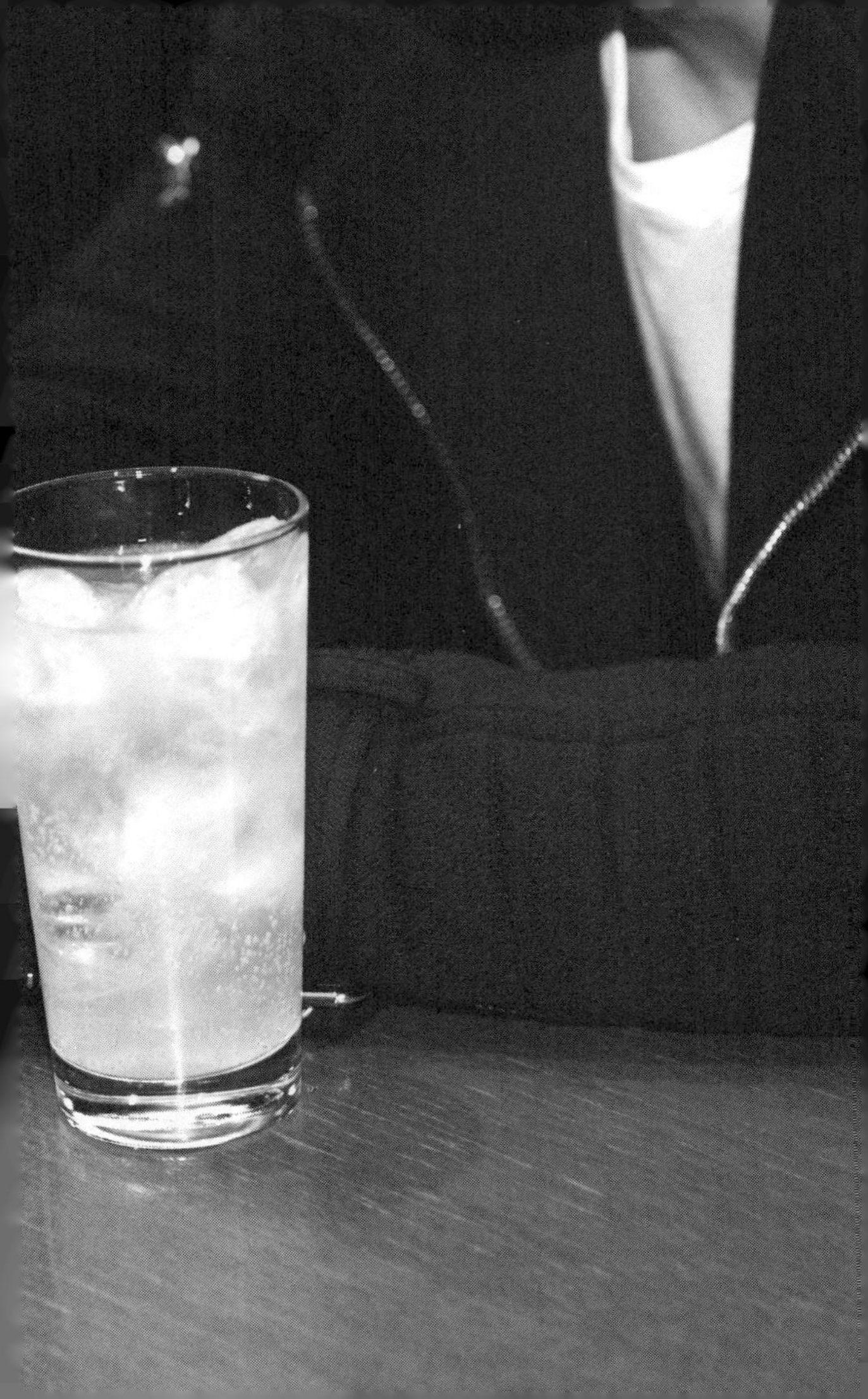

チャンスと言霊《ことだま》。

チャンスなんてものは、そこら中にビュンビュン飛んでいる。

無限に飛んでいると言ってもいいかもしれない。
ただし、そのビュンビュン飛んでいるチャンスをつかむのは簡単ではない。
簡単ではないけれど、不可能ではない。
そして不可能でさえなければ、どんなことだってやり遂げられると僕は信じている。

なにがなんでも、それを実現したいという強い気持ちがあれば。

方法は必ずある。

ZOOが解散して、どうにも食べられなくなったとき、僕の心に浮かんだのは、松浦勝人さんの顔だった。

このことはあちこちで喋っているから、知っている人も多いと思うけれど、僕が高校時代に通っていた、横浜の上大岡にあったレコードのレンタルショップの学生店長が松浦さんだった。

松浦さんは、僕の学校の先輩でもあった。高校時代には、お願いして学園祭でDJをやっていただいたこともある。

知らない人ではなかったけれど、だからといって、その頃にはもう簡単に会えるような人ではなくなっていた。確かその頃は、飛ぶ鳥を落とす勢いのエイベックスの専務だったと思う。

あの松浦さんに会って話を聞いてもらうことができたら、もしかしたらチャンスをつかめるかもしれない。

言葉にすれば、本当にそれくらいの、曖昧であやふやな思いつきでしかなかった。

曖昧な思いつきではあったが、あのとき、どうやったら松浦さんに会えるか、必死に考えたことをよく憶えている。

世界中の誰にだって、たとえばオバマ大統領にだって、本気で会いたいと思えば、会えると思う。僕なら会えるというんじゃなく、誰でもその気にさえなれば。

自分の持っているつてを辿《たど》っていけば、絶対にどこかで目指す人につながれる。本当にその人に会う必要があるなら。必死に会う方法を考え続ければ、人脈という人脈をどこまでも辿っていけば、絶対に辿り着けるような気がして仕方がない。

夢も同じだ。どんな夢でも、かなえる方法は絶対にあると僕は信じている。

本当に心の底から、その夢の実現を望んでいるなら。

昔の人は、**言葉には魂がある**から、何かを口にするとそれが現実になると信じていたと聞いたことがある。

これを言霊と言う。

僕も言霊を信じている。

ただし、当たり前のことだけれど、ただ夢を語れば、自動的にその夢がかなうわけではない。

僕は物事をあんまりお腹にためておけない性格だから、基本的には自分のやりたいこと、自分の夢を、周りの人に語る。

その人が、自分の好きな人や、信頼している人や、尊敬している人であればあるほど、なぜか熱心に語りたくなってしまう。

それが僕の言霊だ。


夢を語っているうちに、夢の内容は具体的に、詳細になっていく。


語れば語るほど、実現しないわけにはいかなくなる。僕の夢を聞いてくれた人の中には、「その夢はこうすればかなうんじゃない？」とか、アドバイスをくれる人も出てくる。

そうしているうちにいつの間にか、夢が目標に、目標が計画になっていく。

ＬＤＨという会社ができたのも、言霊のおかげだと思っている。

ＥＸＩＬＥを結成したばかりの頃、僕はいろんな夢を語っていた。ダンススクールを作って全国展開したいとか、海外でも活躍できる日本人のアーティストを育てたいとか……。自分のやりたいことを紙に書いて、周りのいろんな人に話をしていた。

「お前のやりたいことを実現するには、会社を作るしかないんじゃない」と言って、松浦さんは僕の背中を押してくれた。

そして、ＬＤＨという会社が生まれた。

ちなみにＬＤＨという社名は、Ｌｏｖｅ（愛）とＤｒｅａｍ（夢）とＨａｐｐｉｎｅｓｓ（幸せ）の頭文字なんだけれど、その社名をつけてくれたのも松浦さんだった。

本当に実現したい夢があるなら、まずは、夢を語ろう。

今すぐにかなわなくたって、語れば語るほど、多くの人たちの記憶に残るはずだ。記憶に残っていれば、何かのタイミングで自分が語っていた夢がその人の役に立つ日が来るかもしれない。

そんなときに、夢をサポートしてくれる人が現れるのだと思う。

自分の周りの人に、夢を語って、語って、語り尽くすことだ。

それが、夢を実現する第一歩だ。

僕は言霊を信じている。

会社を作りたいとは
言ってないんですけれど、
夢をずっと語ってたんです。
周りの人に、
まるで言霊みたいに。

チャンスなんてそこら中に、
ムチャクチャ飛んでると思う。
そのチャンスを
つかむ気があるかどうかじゃないですか。

誰だって、
どうしても
会いたいと思う人がいれば、
絶対に会えると思う。

TSU
HIRO

USA

老いに負けないように。

将来のことを考えろとか、夢を持てとか、大志を抱けとか。大人になると、どうしてもそういうことを若い子に言いたくなる。それは、夢が人を成長させることを知っているからだ。大きな目標を持って生きた方が、充実した人生が送れることを、経験によって学んだからだ。

まあ、ほとんどは自分の経験ではなく、誰か他の人の経験なわけだけれど。夢を持てとか、大志を抱けと言う大人の少なくとも半分くらいは、「自分も大きな夢に向かって生きたかったなあ」と、自分への反省の気持ちを込めて言っているのだと思う。

それは、悪いことじゃない。心から若者のことを思って、言っているわけだから。

だけど、あんまりそんなことばかり言いすぎてもなあと思うこともある。

いや、夢を持った方がいいのは間違いない。だけど、そう言われて、ハイわかりましたと簡単に、夢を抱ける人ばかりではない。

今、特に夢を持っていないなら、無理して夢を探さなくてもいい。

夢なんて、大袈裟《おおげさ》なものじゃなくて、たとえば「カッコいい男になる」というシンプルな目標で充分だと思う。

カッコよさは、年齢によって変わるから。

僕の場合、若い頃は文字通りの見た目のカッコよさを追いかけたものだ。アクセサリーを肩が凝るんじゃないのっていうくらいジャラジャラつけて、自分はものすごくカッコいいと思い込んでいた。

髪の毛を思いっ切りドレッドヘアにして、日焼けサロンでカラダを真っ黒に焼いて、本物の黒人になったつもりでいた。肝心の英語はまったく喋れないのに。

髪をドレッドにするのにパーマ液を使うんだけれど、完璧なドレッドにするには大量に使わなくちゃいけない。そんなにつけたら、頭の皮膚が焼けるように痛くなる。あまりにも痛いので、痛み止めのクスリを飲みながら、パーマ液をつけていたこともある。

今考えれば、ただのバカだ。そんな暇があったら、英語の勉強でもしとけと、頭をひっぱたきたくなるが、ときすでに遅し。恥ずかしいったらありゃしないが、でもあのときはそうする必要があったのかなとも思うし、あの頃の経験が今の自分に本当に役に立っているのも事実だ。

アクセサリーをジャラジャラ首から下げていたあの時代の写真は、今ではマジで恥ずかしくてとても人には見せられたもんじゃない。だけど、だからといって、あの時代を消してしまいたいとは思わない。もう一度、20代を繰り返したいとは思わないけれど、今の自分になるためには、あの時代も必要だったのだと思う。

大切なのは、その時代を一所懸命に生きて、そしてしっかり成長することだと思う。

10代、20代をさんざんバカをやってすごした僕は、ZOOの解散とともに、また何者でもないただのバカなガキに逆戻りした。でも、それまで見えていなかったものが見えるようになった。

自分たちが調子にのって踊っていたステージを誰が作っていたのかを。

人気者になって喜んでいたけれど、その人気者を作ったのは誰なのかを。

それはアクセサリーをジャラジャラさせて喜んでいた僕らではない。

僕らが内心軽んじていた、スーツを着て、ネクタイを締め、毎日一所懸命に働いているオジサンだった。そういう人たちの助けがなければ、絶対に僕らなど存在できないことを、痛感した。

なんてカッコいい人たちなんだろうと思った。

僕もああいう人たちみたいになりたいと思った。

そういうふうに成長するにつれて、僕の「カッコいい」は変わった。

無理して背伸びをしなくても、そのときそのときを一所懸命に生きていれば、「カッコいい」はどんどん変化していく。

僕は所属の若いイケメン男子にはよくこう言っている。


「老いに負けるな」と。

見た目がカッコいい男ほど、歳を取るとダメージが大きい。

昔はあんなにカッコよかったのに、今はこんなになっちゃって、みたいな。

それは、外見のカッコよさにあぐらをかいて、内面を成長させなかったからだ。

歳を取るにつれて、カッコよさは変わるのだ。

外面のカッコよさに見合うくらいに内面を磨いておかないと、歳を取ったときに余計にカッコ悪くなってしまう。**いい歳こいて、中身が薄っぺらなことほどサムいものはない。**

歳を取ってもカッコよくあるために、男は内面を磨き続けなければいけない。

老いに負けてはいけないと思う。

イケメンは年齢に負けやすいんですよ。
老いに負けるなって、よく言ってます。
成長していかないと、淘汰《とうた》される。

下から目線。

上から目線は、いろんな意味で好きじゃない。

だいたい上から目線で他人と接しても、なんにもいいことがない。

根拠のない上から目線ほどサムいものはない。

自分が誰か他の人から上から目線で来られたときに、どう感じるかを想像すればよくわかる。

上から目線でいきがったって、なんにもいいことはないと思う。

要するに虚勢を張っているというだけのことで、上から目線は、結局のところ自信のなさの裏返しでしかない。自信のなさを周りに触れ回っているようなものだ。

人と接するときは、基本は下から目線がいい。

下から目線なんて言葉、辞書には載っていないが、ニュアンスは伝わると思う。

下から上を見上げるように、自分の立場を低い位置に置いて、相手を尊重しながら、丁寧に話す。

そんなんじゃ、バカにされちゃうじゃないかと言う人もいるかもしれない。

確かに、バカにしてくる人もいるかもしれないけれど、だからいいのだ。

下から目線のいいところは、相手がどんな人かが結構よくわかるということ。

自分より強い人、目上の人への態度は、みんな似たりよったりだ。だいたい猫をかぶって、いい人っぽく見せようとする。自分より弱い立場にいる相手に対する態度に、その人の人間性が出る。

下から目線だと、人間性がよく見える。

信頼や絆《きずな》がない関係なのに、相手に対してやたら偉そうな態度を取る人は、横で見ていても見苦しい。

自分がそうならないためにも、いつも下から目線を意識している。

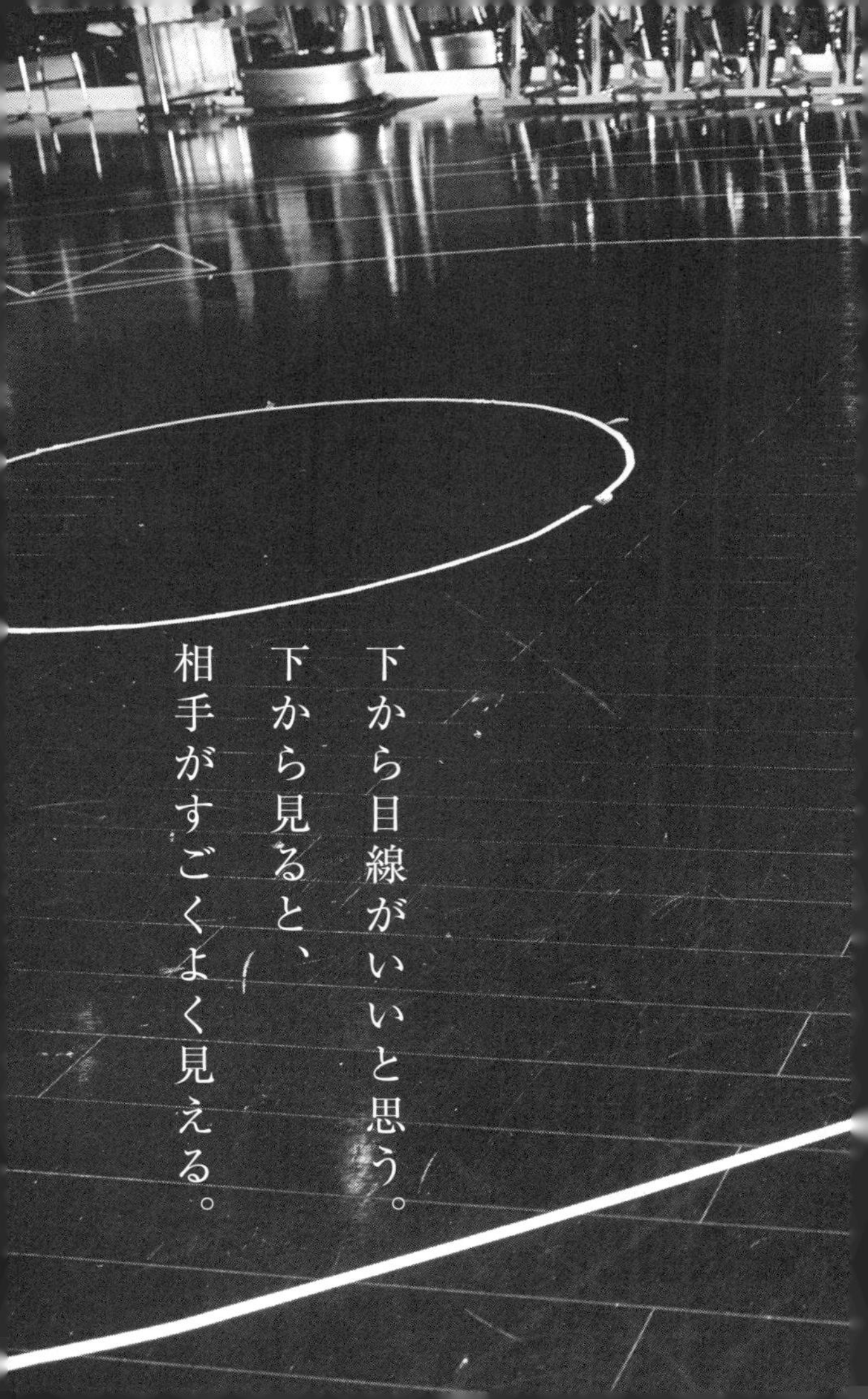

下から目線がいいと思う。
下から見ると、
相手がすごくよく見える。

GRAND PRIX

成功の味。

その昔、J Soul Brothersだった頃は、世間の厳しさをさんざん喰《く》らったものだ。

今絶好調の三代目J Soul Brothersの面々に話しても、なかなか信じてもらえないくらい、僕ら初代J Soul Brothersは売れなかった。

おまけにＺＯＯ時代にさんざん甘やかされた反動もあったから、口にこそ出さなかったけれど、内心は不満でいっぱいだった。

ＺＯＯのときは「いつまでもファンでいます」と言ってくれたのに、J Soul Brothersになったら手のひらを返したようにＣＤを買ってくれなくなったとか。テレビに出るのもライブをやるのも、ZOOの頃は笑っちゃうくらい簡単だったのに、誰も声をかけてくれなくなったとか。そんな不満は、見当外れの甘えでしかない。今思うと、人のせいにしてばかりいた自分が本当に恥ずかしい。

当時の自分にはわからなかったのだ。

ショッピングセンターの催し物みたいな営業もよくやっていたし、ライブにはお客さんがぜんぜん入らなかったけれど歯を食いしばって踊っていた。

お客さんの嫌な面もたくさん見た。その会場の最前列に座って、ぺちゃくちゃお喋りをしている人もいた。つまらなそうに漫画を読んでいる人もいた。

お客様は神様ではあるけれど、やっぱりそれはいくらなんでもひどいんじゃないか。つまらないならつまらないでいいけれど、それならどっか別のところへ行ってくれ。

あの頃は、煮えたぎるような悔しさや、虚《むな》しさを抱えながら踊っていた。

僕は聖人君子じゃない。

まだ30歳になったばかりで、修業も足りなかったし、世の中のことをなんにもわかっちゃいなかった。

それが自分の作り出した地獄だということに気づいたのは、ＥＸＩＬＥがなんとか世の中に認めていただけるようになってからのことだ。

ＣＤがミリオンセラーとなり、ライブ会場が連日満員御礼になると、手のひらを返したように世間の誰も彼もが優しくなった。

世間は冷たい鉄と氷でできているとばかり思っていたから、このギャップは激しく印象に残ったものだ。最初のうちは、それこそ狐《きつね》につままれたような気分で、とてもこの幸福が信じられなかった。手のひら返しの優しさに、腹を立てそうになったこともある。

だけど、それもやっぱり甘えなのだ。

世の中の人は、僕たちのために生きているわけじゃない。

CDを買うのはその曲が好きだからだ。

人気者がさらに人気者になるのは、世の中の人々は人気者が好きだからだ。

それは別に悪いことじゃない。

誰かが悪意を持って、僕らをいじめているわけでもなければ、もてはやしているわけでもない。

それは、ただの自然な反応だ。

僕らにできることは、僕らに寄せてくれた好意に、きちんと応えることしかない。
いい曲を作り、いいライブをやって、本物の感動を返すことしかない。
それができれば、この世は天国みたいなものだ。

天国を作るのも地獄を作るのも、自分自身。

人のせいにしないで、自分のせいにする方がよっぽど楽だし、自分の器が大きくなる。その方が、絶対に自分の成長につながるのだと……。
今までいろんなことが上手く行く中で良かったと感じるのは、そういうことを心の底から理解できるようになったことだと思う。

第三章　チーム

熱狂は続かない。

ステージに立って、何千何万というお客さんの大歓声に包まれるなんて、誰にでもできることじゃないし、あんなに心が震える経験が他にあるとも思えない。

それは本当に嬉しいことだけれど、それでアーティストはよく勘違いする。自分が世界のてっぺんにでも上り詰めた気になる。

人気者は、ステージに出ていくだけで、お客さんがワーッとなる。会場はものすごい熱気に包まれる。

だけど、その場でお客さんがワーッと騒いでくれたとしても、その人たちが家に帰ったときにさっきまでキャーと歓声をあげていた気持ちが、心に残っているかどうか。

残っていない方が、普通だと思う。

熱狂はさめるのだ。

だからその熱狂がさめないうちに、それを本物の感動にできるような表現を追求しなきゃいけない。

熱狂はさめてしまえば、それで終わり。

後には何も残らない。

けれど、感動はいつまでも心に残る。そして感動は、ときとして人を変える。

エンタテインメントを職業としている以上は、いつもこの感動を人に与えることを考えるべきだと思う。

熱狂は感動に似ているから、勘違いしやすいけれど、このふたつの違いをよく理解しておかなきゃいけないと思っている。

今現在で言えば、三代目J Soul Brothersのステージがこの熱狂の段階にある。この間はツアーチケットへの応募が約200万枚も来た。

今年もドームでツアーができるくらい、彼らがステージに登場するだけで大歓声だ。

その熱狂はとてもありがたいことだけれど、そこで満足して止まってしまうわけにはいかない。

三代目の今年の目標は、「熱狂を本物の感動に変えるツアー」だ。そのためには一切の妥協をせずに、自分たちの歌も、ダンスも、演出も、メッセージも、徹底的に磨き上げていこうと話している。

EXILEもずっとそうやって成長してきたのだ。そうやってライブでの観客動員数の記録を作り続けてきた。

それはお客さんの支持なしにはできないことだし、なぜ支持していただけているのかと言えば、驕《おご》った言い方になってしまうかもしれないけれど、僕らＥＸＩＬＥのステージが来てくれたお客さんと共に何かしらの感動を共有し続けられているからだと思う。

そういう意味では、僕らのライブに対する取り組みは間違っていなかったと思う。それを若いアーティストたちにも、どんどん伝えていきたいと思っている。

1回はライブに足を運んでくれたとしても、そしてそのライブで熱狂してくれたとしても、本物の感動がなかったら、2回目はない。

僕らはそのことをいつも忘れないようにしている。

もちろん本物の感動は、僕らステージの上に立っている人間だけで作れるものではない。

ライブ会場のあの独特の空間は、僕たちとファンのみなさんとが、同じ空間を共有することで初めて生まれる。ライブの感動はファンのみなさんと僕らの合作でもある。

そういう意味でも、いつまでもファンのみなさんと素晴らしい関係を築いていきたいと思う。

ライブ会場で感動を合作するという経験を通じて、僕らがファンのみなさんに育てられていくように、いつも言ってしまうけれど僕らもファンのみなさんの人生のパートナーになりたいと、心から思う。

熱狂は絶対に続かないんですよ。
熱狂を感動に変えなきゃいけない。

嘘と礼儀は紙一重。

ＬＤＨには、若い所属タレントがたくさんいる。僕が彼らと話すときは、社長というよりも、どちらかと言えば、同じ表現者としての立場で話すようにしている。その方が、自分の経験を上手く伝えることができる気がするから。

定期的にやっている勉強会というミーティングで話すこともあれば、一緒に食事に行ったときに話すこともある。

20歳そこそこの若いアーティストやパフォーマーと話していても、自分ではあまり歳の差を感じない。向こうがどう感じているかはわからないけれど。

もっとも、彼らが僕の話を何から何まで素直に聞いてくれているなんて幻想は持っていない。

どうせロクに聞いていないんだろうなあと思うこともよくある。まあ、上司の言うことを何から何まできっちり聞くようなやつは、たぶんこの仕事に向いていないだろうから、それも仕方ないけれど。

彼らと同じくらいの年頃の僕が、まさにそうだった。彼らといると、自分がまだ20歳だった頃のことをよく思い出す。

思い出して、若い子をあんまり追い詰めるのはよそうと思う。

あんまり追い詰めて、嘘をつかせるのが嫌だから。

若い子は嘘をつきやすい環境が多い。

僕もそうだったからよくわかる。

それを嘘と言ってしまったら、かわいそうかもしれない。

若い子にとって、嘘と礼儀はほとんど紙一重だ。たとえば若い子が僕に何か説教をされたとして、その説教が理解できないときに、「わかった?」と聞かれて、納得できなくても「はい」と答えるのは嘘か、それともある種の礼儀か。

これを判断するのは難しい。

大人の説教は、図らずも子供に嘘をつかせてしまう原因になる。

嘘は人と人の間に溝を作る。その溝は放っておくと、大きな亀裂にまで広がってしまうこともある。

子供に嘘をつかせちゃいけない。

そのためにも、あまり子供を追い詰めないこと。理詰めで追い詰めて、言い負かしたって、子供にとっては何もいいことはない。

子供を追い詰めそうになったら、昔の自分を思い出すといい。

恩返し。

「鶴の恩返し」じゃないけれど、恩返しという言葉には、どこか昔の日本人の心根を思い出させる、懐かしい響きがある。

そんなの古いと言う人もいるかもしれないけれど、恩返しという言葉は、もっと見直してもいいと思う。

ＬＤＨの所属タレントの子は「恩返し」という言葉をよく口にする。

「絶対、恩返しがしたい」とか「いつか恩返しさせてください」とか。

初めてそう言われたときは、なんだかとても新鮮な感じがした。

僕が若い頃、若者はあまりそういう言葉を口にしなかった気がする。

「恩返し」

ただし、口にはしなかったけれど、心の中ではいつも考えていた。

僕も自分がいちばん食えなかったときに面倒を見てもらった人に、ずっと恩返しがしたいと思って頑張ってきた。**恩返しをしたいという気持ちは、苦しいときに自分を奮い立たせる目標になる。**

その恩をどれだけ返せたかはわからないけれど、ちょっとでも恩を返せたと思ったときには、なんとも言えない達成感を味わった。自分がようやく一人前の人間になれたような気がした。

恩返しには、恩を返すことによって、自分の成長を確認するという意味もある。

恩を返そう。

自分を産み、育ててくれた両親に。

兄弟に、姉妹に。

祖父に、祖母に。

学校の先生に。

友だちに、昔の仲間に。

そして、どこかの見知らぬ誰かにも。

人間はひとりで生きているわけじゃない。

この僕が、今ここに生きているのは、自分の知っている人だけじゃなく、いろんな場所のいろんな人のおかげでもある。

そういう人たちにどうやって恩を返すか。

それは、自分で考えることだけれど。

社会貢献も、つまりは恩返しのひとつだ。

恩を返すことで、人は少しずつ成長していくのだと僕は思う。

若い子に接していると、
昔の自分を思い出すんですよね。
ムチャクチャやってたあの頃のこと。

自己愛から人類愛へ。

若いときは、自己愛でいいと思う。

ただし、しみったれたちっちゃな自己愛ではなく、どうせ愛するならとことん自分を愛することだ。

これはサッカー日本代表元監督の岡田武史さんにお会いしたときに考えを聞いて感銘を受けた話だけれど、自分のことがメチャクチャ好きな人は、自己愛の核がデカいから、いつしか周りの人も巻き込んで幸せにしていくのだそうだ。

自己愛が他人を愛する恋愛になり家族愛、友人愛になり、さらには社会や国への愛にどんどん広がっていって、人類愛、ついには地球愛にまで成長するのだそうだ。

確かになあと思った。

もちろん最初から人類愛だっていいのかもしれないけれど、若いうちから、無理をしてそんな大きな愛のことを考えなくてもいいんじゃないかと思う。

そのときそのときの、自分の身の丈に合ったものを、ただし本当に心から、愛すればいいと思う。

だから、最初は自分でいいのだ。

若いときは、自分のことでめいっぱい頑張ればいい。

誰だって、自分のことは大切だから。自分のことなら、ちゃんと愛せると思う。

そして恋人ができたら、恋人のことを。
子供ができたら、子供を。
家族が増えたら、家族を……。
そういうふうにして、自分が本当に愛するものを広げていけばいい。
家族への愛をしっかりと育てれば、やがてそれは郷土や、社会や国や、
地球への愛に成長していくだろう。
そういうもんだろうと思う。
そうでなきゃ、カッコ悪い。
50歳、60歳になっても、まだ自己愛だけじゃ、寂しい。
僕の場合は、長い間独身を続けたせいで、おまけに会社なんてものを
立ち上げてしまったおかげで、順番がちょっとおかしくなってしまった。
チームへの愛とか、会社への愛とか、さらには社会貢献とか、そうい

うデカいところばかり見すぎてしまって、自分にいちばん身近な、家族愛については、あまり考えたことがなかった。

正直に言えば、サラリーマンの人とかが、家族をめちゃめちゃ大切にしている姿を見て、自分にもあんなことができるのかなあと、内心ちょっと不安になっていたくらいだ。

家族のために一所懸命働いているサラリーマンの人たちを心から尊敬する。いつか僕も、彼らに負けない家族愛を体現できる人間になりたいと思っている。

EXILEは小さな国みたいなものかもしれない。

親のモノサシ。

先に触れたように、僕らの会社ＬＤＨでは、定期的に所属のアーティストやパフォーマーの子を集めて、勉強会をやっている。勉強会とは言っても、基本的には質疑応答で、彼らが日頃疑問に思っていることをなんでも話してもらって、僕がそれに答えるという形だ。

その勉強会で、所属のある若い女の子がとても面白い質問をした。

「ヒロさんにとって、究極の親孝行ってなんですか？」って。

すごくいい質問だと思った。

そのとき僕の頭に浮かんだのは、「親のモノサシ」という言葉だった。

その昔、僕がZOOに所属していた頃のことだ。

ZOOは人気絶頂で、武道館とか大きな会場でライブをしていて、テレビにもよく出ていた。普通に考えればいわゆる成功を手に入れたわけで、もちろん収入だって20代の若者としては破格に良かった。

他の人から見たら、かなり成功した部類に入っていたはずだ。普通に考えたら、なんの文句もないはずなのだが、親は本当によく見ている。あの頃は「あんたも早く落ち着きなさいよ」「もっと真面目にやりなさい」って、しょっちゅう言われていた。

僕はそのたびにうるせえなあと思うだけだったけれど、今考えれば、あの頃の僕は、ものすごく浮《うわ》ついていた。親の目にはそれがちゃんと映っていたのだろう。

こういう職業だからとか、タレントだからとかいうことは一切関係なしに、親は僕の本質を見ていたのだ。いろんな親がいるから一概には言えないかもしれないけれど、でもやっぱり基本的に親はそういうものだと思う。

親のモノサシは、この世でいちばんリアルで厳しいモノサシだ。

それは親というものが、ただひたすら子供のことを思っているから。なんの見返りも求めずに、ただひたすら子供の幸せを願っているから。無償の愛というやつだ。

だからこそ、親は子供が何かをしたとき、それが本当に子供のためになるかどうかだけをじっと見ている。世間的な名声とか、お金とか、人気とか、そういうものには惑わされない。

そういう親のモノサシを僕は信じる。

そう考えれば、自分が何かをして、親がそれを心から喜んでくれたときが、本当の親孝行なのではないかと思う。それが親のモノサシにかなったということだから。表面的に喜ぶのではなくて、親が心の底から祝福してくれるような何かができたら、それが本物の親孝行だと思う。

僕の場合で言えば、両親になんとか認めてもらえたかなと思えるようになったのは、本当にごく最近のことだ。ＥＸＩＬＥが地に足をつけて、一所懸命世の中のために頑張っている姿を見て初めて、両親は安心したみたいだった。彼らのモノサシで測って、僕のやってきたことをようやく認めてくれた。

親孝行なんて、仕事には関係ないと言う人もいるかもしれないけれど、僕はそれは違うと思う。

志を高く持とうとしても、仕事をしているうちにときとしてそれを忘れてしまうことがある。そういうときに、親のモノサシはとても役に立つ。

自分が今していることは、はたして親のモノサシにかなうのか。親は自分がこれをすることを喜んでくれるだろうか。

何かに悩んだとき、そういう視点で物事を考えると、きっと正しい答えが出る。

ＥＸＩＬＥ ＨＩＲＯ

パフォーマーを引退したからといって、ＥＸＩＬＥを辞めるわけではない。

ＥＸＩＬＥは、ひとつの大きな家族みたいなものだ。

パフォーマーとしての活動はやめるけれど、これからもずっとその家族の一員だ。

だから、**僕はこれからも「ＥＸＩＬＥ ＨＩＲＯ」と名乗るつもりだ。**

アツシがソロでうたうとき、「ＥＸＩＬＥ ＡＴＳＵＳＨＩ」と名乗るのも同じ気持ちだと思う。

何かのときにアッシが言っていた。

「ＥＸＩＬＥにはどうしても勝てないんですよね」と。

アッシの声は、ＥＸＩＬＥの声だ。

そのアッシが、ソロで活動しているときに、どうしてもＥＸＩＬＥでの自分を超えられないと感じるときがあるのだそうだ。

だからソロでステージに立つときも、ＥＸＩＬＥの名前を背負って立つのだと言っていた。ＥＸＩＬＥの誇りと覚悟を胸に。

さすがだなあと思う。

アッシは自分に溺《おぼ》れていない。

アッシくらいの才能があったら、ＥＸＩＬＥは自分でモっていると思っても不思議はない。

アッシとの出会いがなければ、ＥＸＩＬＥは生まれなかった。彼の才能があったから、ＥＸＩＬＥはこんなに大きくなった。それは間違いない。

にもかかわらず彼は、自分はＥＸＩＬＥには勝てないと言う。

生身の佐藤篤志は、ＥＸＩＬＥのＡＴＳＵＳＨＩにはかなわない、と。

そういうふうに自分を冷静に、客観的に眺められるアーティストは少ない。

彼の言っていることは正しいと思う。

ソロでうたうときも、アッシはＥＸＩＬＥの魂を背負っている。

ひとりひとりの人間の力を重ねることで、１＋１が３にも、いや10にも１００にもなる。

それがチームの力だ。

チームの全員が本気で力を合わせたとき、チームはそのメンバーの力を単純に足したものよりも何倍も大きな力を発揮する。そのチームの輝きに、ひとりの人間が勝つのは、マジで難しい。

世界の音楽業界を見渡せば、これほどはっきりしていることはない。

世界中の誰もが知っているようなグループの、ものすごく人気のあるミュージシャンでも、ソロになった途端に存在感が一回り小さく萎《しぼ》んでしまうことがほとんどだと思う。

例外がまったくないとは言わないけれど、メンバーとチームの関係は99%このパターンだ。

にもかかわらず、人気者になればなるほど、この現実を忘れてしまう。

自分ひとりの力で勝負したいと思うのは、人の本能みたいなものだから、その気持ちもわからなくはない。

だけど、それならなんで、ソロでやるにしても、自分のチームの力を逆に使おうとしないのかなあと思う。

ＥＸＩＬＥ ＨＩＲＯでいいじゃないかと思う。

いや、俺はＥＸＩＬＥ ＨＩＲＯでやりたい。

ひとりで何かをするとしても、看板を背負ってＥＸＩＬＥのＨＩＲＯがやるのだ。


自分がどこから生まれた人間かを、忘れるつもりはない。


人間はひとりで生まれて、ひとりで育つことができるわけじゃないから。

自分を育ててくれた家族の名字を、忘れずに、胸に刻んで生きていこうと思う。

ＥＸＩＬＥの名に恥じるようなハンパなことはできないから、何をするにしても、それだけ気合いが入ることは間違いない。

もちろん、ＥＸＩＬＥの看板の力も借りる。何をするにしても、ヒロという個人じゃなくて、ＥＸＩＬＥのＨＩＲＯがやるということなら、それだけ説得力が増す。

日本でも外国でも、昔は戦士がいくさで名乗りを上げるとき、自分の父親の名前を言ったという話を聞いたことがある。

自分は誰それの息子だと、名乗りを上げるのだ。

それはつまり、自分がどこの家族の人間か、どこのチームで育ったかを宣言したのだと思う。

家族を背負い、仲間を背負って彼らは戦った。

家族や仲間のために戦うのだという意識が、彼らを強くしたのだ。

自分ひとりのために戦う者は弱い。みんなのために戦う者は強い。

大切な人のために戦うとき、愛する者のために戦うときこそ、人は本当の力を発揮する。

人間はそういう生き物なのだ。遠い昔から、そうやって生きてきた。

時代がどんなに変わっても、それが変わらぬ真実だ。

ＥＸＩＬＥの仲間と一緒に走り続けた歳月が、僕にそのことを教えてくれた。

だから僕は、自分の家族、ＥＸＩＬＥの名をこれから先もずっと背負って生きていこうと思っている。

未来を先取りする。

ＥＸＩＬＥの結成時、僕は32歳だった。

今考えれば若かった。

だけど、他のメンバーは全員20代だから、ひとりだけ30歳すぎの僕はやっぱりオジサン扱いだった。あの日から始まって13年間、僕がＥＸＩＬＥの最年長記録を更新し続けたわけだ、当たり前だけれど。

「ヒロって、もう40歳超えたんだろ？」

みたいな視線が、いつも僕に集中していたわけだ。

僕がいなくなった瞬間、その視線が一気に彼らに集中する。

彼らとはもちろん、EXILEの最初のダンサーチームの面々だ。

若いと思っていたけれど、彼らもあと数年で40歳。

彼らも、ようやく僕の気持ちがわかるはずだ……。

いや、まあ、それは冗談として。

人生に対する基本的な姿勢として、終わりから逆算して計画を立てるのは悪くない。

つまり、自分が今の立場から引退するなら漠然と「いつか」なんて言っていないで、具体的にいつと決めた方がいいと僕は思う。少なくとも自分の中では。

その方が、いろんな計画が立てやすくなる。

お尻に火もつくだろうから、無駄なことをやらなくなる。

自分がやりたいこと、やるべきことに集中できるようになる。

僕の場合は、年寄り枠を引き受けていたおかげ（?）で、自分の引退のことをいつも自然に考えていた。

そうじゃなくても、せっかちな性分だから、どんどん先のことを考えてしまう。

それに先のことを考えておくと、勢いのあるまま次の段階に突入できる。

妙な言い方だけれど、僕はＥＸＩＬＥのパフォーマーとして引退する気満々で引退した。

今までは、やはりどうしてもＥＸＩＬＥのパフォーマーとしての立場を優先させなきゃいけなかった。

でもこれでプロデューサーとして、三代目J Soul Brothers、GENERATIONS、E-girlsと、本当にたくさんのプロジェクトに今まで以上に、目を配り魂を注入することができるようになった。

会社全体の活動に今まで以上にコミットすることで、みんなの夢をかなえる会社としてのＬＤＨの動きを、もっともっと加速していくつもりだ。

そのためには、あれをやってこれをこうして……と、考えるだけでわくわくして、夜も眠れないくらいだ。

人生は先取りするに限る。

来年のことを話すと鬼が笑うと言うけれど、僕はそうは思わない。

自分の身の振り方は、何年先のことだろうがイメージしておいた方がいい。

引退はいつかはしなきゃいけないわけだから。

その日暮らしだった僕がこんなことを言うようになるとは、まったく想像もできなかったけれど、その日暮らしを散々してみて行きついた答えは、先取りする人生ほど有意義なものはないということだ。

怪我《けが》や成績不振で突然引退しなきゃいけないこともあるスポーツ選手ならまた話は別だと思うけれど、僕らは自分で自分の引き際の時期を決めることができる。

そこに向かっていろんな準備をしておくことが、その後の人生を輝かせることになると思っている。

僕にとってパフォーマーを引退することは、プロデューサーとして、自分たちの会社の社長としての人生に、これから本格的にデビューするということでもある。

40代のダンサーはかなりオッサンだけれど、40代の社長はまだまだひよっこだ。

この引退によって僕は無事、ＥＸＩＬＥの年寄り枠（？）を脱出し、現役バリバリの若手に返り咲くというわけだ。

他のみんなにも先手先手で自分を常に新しい自分へ導いてほしいと思う。ＥＸＩＬＥメンバーひとりひとりが常に輝く場所にいてほしいから。

それは引退を意味することではなく、新しい自分がデビューするということ。

大好きな仲間には、いつもこんな話をしてしまう。

それが、現実だから……。

チームの力、その行方。

僕が社長だなんて言っていられるのも、チームの力のおかげだ。

現在ＬＤＨには約２５０人の社員がいる。

まだまだ小さな会社だけれど、それでもみなさん薄々お気づきの通り、僕みたいな素人が「社長です」と言ってふんぞり返っていられるほど、世の中は甘くない。

僕がここまでなんとかやってこられたのは、周りのスタッフが一丸となって、つまりチームとして一緒に社長の仕事をやってくれていたからだ。

ひとりの人間の力は弱いけれど、チームを作ることで人はその弱さを克服する。

人間はライオンのように強くもなければ、チーターのように速く走れもしない。それでも自然界の頂点に立てたのは、チーム力を発揮できるからだ。一対一でしか戦えなかったら、順位はかなり下の方になるに違いない。

怠け者で、いい加減な僕でも、チームの力を借りて、自分の夢を実現することができた。何回も言っているように、歌をうたえない僕が、曲がりなりにも音楽業界で勝負できているのは、チームの力があればこそだ。

だからこそ、ＬＤＨは関わっている人すべての夢を実現する会社でありたいと思う。

ただのキャッチフレーズじゃなくて、本当に心の底からそう思う。
逆に言えば、みんなもっとチームの力を使うべきだと思う。
自分の夢をかなえるために、チームの力を使えばいい。
そのために、チームはある。
チームは自分のためにあるし、自分はチームのためにあると心から思う。

そういう大切なチームだからこそ、チームは本当の意味で強くならなきゃいけない。それはZOOが解散して、新しいチームを仲間と結成した最初のときから、僕がずっと考え続けてきたことだ。
たとえば第一章の時代のEXILEは、正直に言えば、チームとしてはまだ弱かった。音楽性とかダンスの質とか、あるいはライブの完成度に関しては、あの頃の自分たちなりには自信を持っていたけれど、強いチームとはとても言えなかった。

どうしたらチームを強くできるか。あの頃はずっとそのことばかり考えていた気がする。

メンバーがお互いをリスペクトするとか、メンバーの絆を深めるとか。耳に心地のいい言葉はいくらでもあるけれど、そういう表面的な綺麗事《きれいごと》だけではメンバーはついてこないし、チームを強くすることはできない。

もちろんお互いのリスペクトや絆は、とても大切ではあるけれど。

チームというものは、さまざまな理由が重なり誰かが抜けたり、辞めるという問題が生じる可能性がある。チームが人の集まりである以上、それは仕方がない。

問題はメンバーの脱退によって、チームの存続自体が危機にさらされるということだ。生々しい話をすれば、それは他のメンバーが今までのように食べていけなくなることを意味する。

チームがそういう状態だと、誰かの脱退という話が出てくるたびに、他のメンバーまでが動揺する。自分の将来に不安を感じ、自分はこのままチームに残って大丈夫なのか。自分も他の道を探すべきじゃないか、なんて悩み始めてしまう。

それは仕方のないことだ。アーティストだってパフォーマーだって、食べていかなきゃいけないのだから。

倒産しそうな会社で社員が仕事に集中できないように、そういうチームのメンバーが、チームのために一所懸命になれるかといったら、それはとても難しいと思う。

チームがしっかりしていなければ、メンバーが迷いなくチームのために自分の人生や夢をかけられるわけがない。

だから、僕がまず考えたのは、誰かが抜けたり、辞めたりしても、何があっても、まったく問題なくチームが活動を続けて、みんながちゃんと食べていけるような人間関係と仕組みを作ることだった。

オーディションでメンバーを選んだり、メンバーの数を突然増やしたりしたのは、そういう意味もあった。

ＥＸＩＬＥは形が変わっても、ＥＸＩＬＥであり続ける。

それを信じているからこそ、ＥＸＩＬＥのメンバーは自分の夢と人生をかけてＥＸＩＬＥというチームのために頑張れるのだと思う。自分が全力で頑張ることによって、チームが輝きを増せば、その輝きが自分自身をさらに輝かせることにつながる。だからこそ、みんなが自然にチームのために全力を発揮する。

そしてメンバーが全力を発揮するから、チームはますます強くなる。

この循環が、ＥＸＩＬＥの強さの秘密だ。

それは、あらゆるチームや組織でも同じだと思う。

チームを強くするのは、精神論だけではない。

チームのために頑張れば、それが自分に必ず返ってくる。

チームを強くすることが、自分の未来につながる。

本当に強いチームを育てるためには、そういう仕組みを育てることが大切だと思う。

チームの強さは、メンバーそれぞれがどれだけチームのために頑張れるか、自分の全力を発揮できるかで決まるのではないか。

第四章　相棒

歳の差。

昔から、あまり人の年齢を考えない。

この年になったら、こうしなきゃいけないとか、そういう社会的常識がほとんどないのかもしれない。

たとえば、僕は今や20歳の子と比べれば、二回りも年上になってしまった。下手したらお父さんと同じくらいの世代だけれど、だから何だ、と思う。

ずっと年齢と関係のない世界で勝負してきたせいだろうか。

ダンサーに年齢は関係ない。踊れるか踊れないか。センスがいいか悪いか。若いからとか、歳を取っているからという言い訳は一切通用しない。

だから、**20歳の子と話すときも、同じ目線の高さで、対等の関係で話す。**年上だからどうこうということはない。向こうがどう思っているかはわからないけれど。

もちろん年上の人への敬意や礼節は、大切にすべきだと思う。礼儀は常に重んじる。それは僕たちが、こだわっていることでもある。

けれど、それはあくまでも自分より年上の人への態度の話だ。

上下関係に厳しいことと、年下の人間に対して年が上なだけで偉そうな態度を取ることは違う。

上下関係とか先輩後輩とか、歳の差とか、肩書きの差とか、形式的なものだけにこだわると、会社にしてもチームにしても、風通しが悪くなる。言わなきゃいけないことが、言えない雰囲気が生まれてしまう。

それはどう考えてもマイナスだ。

年上だって考えの浅い人間もいれば、年下でもしっかり者はいる。年上の人間が間違った考え方をしていて、年下の子の考えが正しいことだってもちろんある。

結局は、人なのだ。

そして、人と、人としてつき合うには、歳のことなんか考えない方がいいに決まっている、と僕は思う。

それなのに、日本では年齢をすごく気にする。

新聞も雑誌も、人の年齢を必ず書く。

まあ、日本では年上の人には敬語を使うというマナーがあるから、どっちが年上かを知る必要があるのかもしれないけれど。

年上の人に敬語を使うのは、日本人のいい習慣だと思う。

でもだからといって、年下の人間に横柄な態度を取っていいということではない。そこは勘違いしてはいけないと思う。

まあとにかくそういうわけで、僕は年下の子と話をするときは、歳の差を気にしないようにしている。というか、歳の差だけにとらわれないようにしている。

仕事でもプライベートでも。

それは自分の感性が磨かれる秘訣なのかもしれない。

恋と尊敬。

人を好きになるのに、理由はない。

特に、最初は感覚でしかない。

「あ、この子なんかいいな」「俺、この子のこと好きかもしんない」「あ、やっぱり好きだ」みたいな。言葉では上手く表せない感覚。

その人のことを考えると胸がほわっと温かくなって、なんだか優しい気持ちになる。気がつくと、またその人のことを考えている。

そういうただの感覚だから、なんで好きかと聞かれても困る。

風に吹かれて気持ちがいいのはどうしてですかと、質問されるようなものだ。

それでも無理矢理、あえて理由をつけるなら、僕は女性のギャップに惹《ひ》かれるのかもしれない。

単純なようで複雑で、複雑だと思っていたら単純だったり。

よく知っているつもりだったのに、こんな考え方をするんだという発見があったりする。

何気ない仕草や、言葉の中に、思いがけない思慮深さが秘められていたり。

僕が出会ったその人の中には、大人と子供が共存していた。

子供の頃から、芸能界という大人の世界でムチャクチャ仕事をしてきたせいなのか、ある部分ではとても成熟した大人だった。

10代の頃からカバンの中には台本が6冊も7冊も入っていて、眠れるのは2時間だけみたいな生活をしていた。俺よりもものすごい経験をいっぱいしていて、俺よりもずっとたくさんのテレビ関係の人を知っていた。

自分のペースで仕事ができるから、昔みたいに忙しくはないと言うけれど、それでもスケジュールを見るとビビる。CMとか、いつの間にこんなの撮っていたのと思うくらい仕事をしてる。俺だったら、もうそれだけでいっぱいいっぱいになっちゃうような仕事を飄々《ひょうひょう》とこなして、息ひとつ乱さない感じが、男の俺から見ても、やたらカッコいい。筋金入りのプロフェッショナルだ。

そういうところは、男っぽいというか、ものすごくサバサバしている。だけどその反面、ずっと大人の世界で仕事をしてきたせいなのか、12歳のまま完全にときが止まっているような、天真爛漫《てんしんらんまん》な子供のまんまの部分がある。そこは本当に少女だ。

表現者としても、人としても、奥行きがあって興味が尽きない。

そういう素直に尊敬する気持ちと、なんだかほっとけない気持ちのミックスしたものが、僕の妻、上戸彩に対する最初の感情だった。

職業病。

彼女は僕の妻になってくれたけれど、全部が僕のものではない気がしている。

どうせなら結婚を機に、女優としてもう一段階成長してほしい。もちろん結婚したら、家庭を第一にというのも悪くはないけれど、彼女の場合はどうしても違う気がする。

女優としてまだ一回り、大きくなれると思うのだ。

そう思うのは僕の職業病みたいなもので、そういうことを考えてしまうのが、いいことなのか悪いことなのかわからないけれど。

もちろん彼女のことをひとりの人間としても考えるのだけれど、表現者としての彼女は、僕ひとりのものではない。

まだしばらくは、自分のやりたいことに専念してもらいたいと思っている。遊びたい盛りの少女の頃から、あんなに頑張って、ようやく現在の場所に辿り着いたのだから。20代にして、自分の仕事についての選択ができるなんて、なかなかすごいことだと思うのだ。

忙しすぎて10代の頃に味わえなかった青春を何にも縛られずに謳歌《おうか》してほしいと思う。

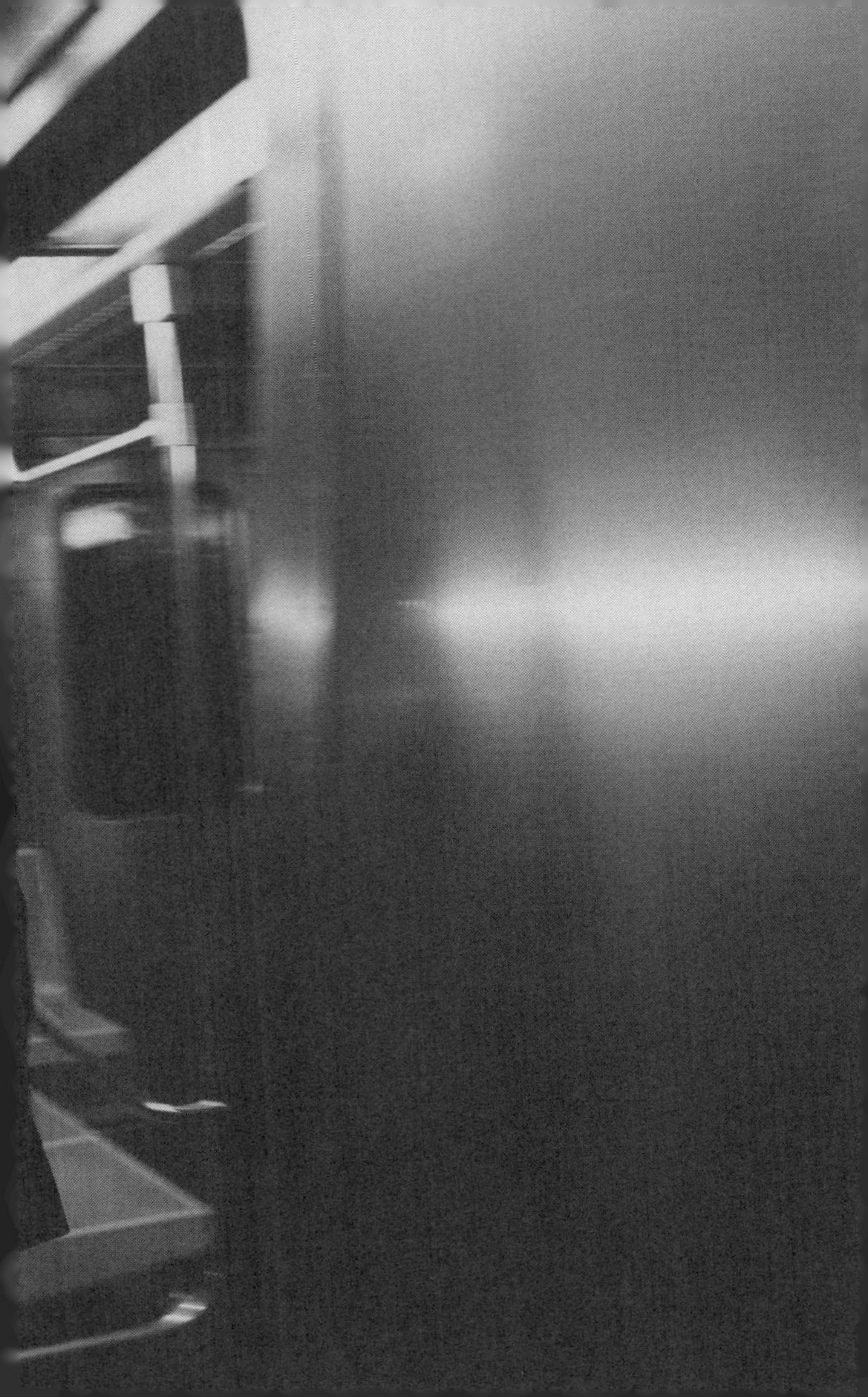

昔から、あまり人の年齢を考えない。
20歳の子と話すときも、
ごく自然に同じ目線で話している。
歳の差をむやみに意識する
必要はないと思う。

そう思うのは
僕の職業病みたいなもので、
そういうことを考えてしまうのが
いいことなのか悪いことなのか、
自分でもよくわからない。

彼女には
まだしばらくは
自分のやりたいことに
専念してもらいたい。

第五章　夢とリアル

夢が夢を呼ぶ。

初代J Soul Brothersを立ち上げたのは、自分の夢をかなえるためだった。

たいした夢じゃない。

あのときみたいに、また売れたいと思った。

ZOOが解散して失ったものを、取り戻したいと思った。自分が手にしていたものの大きさを、失って初めて思い知った。

その夢をかなえる前にボーカルを失い、EXILEとして再出発するとき、改めて思ったのは、EXILEをみんなの夢をかなえる場にしたいということだった。

夢は夢を呼ぶ。

雪玉が斜面をころがるうちにどんどん大きくなっていくように、みんなの夢が絡まり合って、交差して、積もり積もって大きくなっていく。その夢をみんなで共有して、さらに大きな夢にする。

その大きな夢をかなえるために、みんなで必死に走っていたときに気づいたことがひとつある。それは、自分の夢だけを見ているときよりも、誰か他の人の夢をかなえようとしたときに、人はより大きな力を発揮するということだった。

自分を捨て、仲間のために必死に頑張っていると、いつの間にか自分の夢もかなっているということを何度も体験した。

そうやって小さな夢をひとつひとつかなえていくうちに、より大きな夢を見ることができるようになった。

昔はそれこそ夢物語でしかなかったあまりにも大きな夢が、いつしか達成すべき目標となり、さらにはスケジュール帳に書き込める予定になった。

みんなと一緒に走り続けて、夢を現実にする方法を僕は学んだ。

やっぱりＥＸＩＬＥって
看板はでかいんで、
その看板を使って
彼らの夢を
加速させたかった。

自分の器を決めない。

歌がうたえないのに、やっぱり音楽業界で勝負しようなんて思い込んでしまったことが、すべての始まりだった。

ZOOに参加して、解散まで見届けたわけだから、普通なら、それは無理じゃんで終わるところなんだろうけれど、諦めが悪いというか、学習能力が皆無というか。

だけど、誰がなんと言おうと、世の中的に絶対無理だと言われようと、自分がどうしてもやりたいことは、なんとかすればできるんじゃないかと思ってしまう。

ダンサーが音楽業界で勝負するには、歌がうたえる仲間が必要だった。

だから僕の場合、最初からチームを作ることが前提だった。

自分にできないことも、できる仲間を探せばできてしまう。それがチームのすごいところで、人類がこんなに繁栄したのも、突き詰めればチームワークのおかげなわけだ。

ただし、そこからが難しい。

ひとりひとりの考えることは、ぜんぜん違うからだ。

考え方も、趣味も嗜好《しこう》も違う人間が、集まって、何かひとつのことを成し遂げようとするのがチームだ。

もちろん最初は、だいたい同じ方向を向いているのだけれど、走っているうちに、だんだんその向きがずれてくる。

走るスピードが速いのもいれば、遅いのもいる。立ち止まって、道端の花を眺めたいやつもいれば、仲間を放り出しても、どんどん先まで走っていこうとするやつもいる。

それは、仕方がないことだ。

最初にこういう約束だったじゃないかと言っても始まらない。

人間は変わるからだ。

まして、走り出せば、見える景色も、自分の気持ちも、熱意も、どんどん変わる。

そういうメンバーをひとつにまとめ、ひとつの目標に向かって走り続けられるようにしなきゃいけないわけだけれど、これが本当に難しい。

それでずっと苦労していると言ってもいい。ある意味、永遠の課題だ。

ZOOの僕は、まさにダンス、ダンス、ダンスの時代で、自分のダンスのことばかり考えていた。自分の好奇心のおもむくままに、自分の好きなことだけに夢中になると、他のものが見えなくなってしまう。自分が気づかないうちに、わがままもずいぶん通したことだろうし、周囲の人にもたくさんの迷惑をかけていたに違いない。

だろうとか、違いないとか、自分のことなのに曖昧な言い方になるのは、自分としては迷惑をかけているなんて意識がまったくなかったからだ。

結局のところ、身勝手でわがまま放題の子供だった。

そういう僕が言うのもおかしいが、チーム全体にもそういう雰囲気が蔓延《まんえん》していたから、人間的には悪い人はいなかったと思うけれど、当然上手く行くわけがない。

武道館を満員御礼にできるほど人気があったのに、結局は解散して後には何も残らなかった。

普通はそれで終わりだけれど、僕はそこから奇跡的に復活することができた。松浦さんにチャンスをもらって、J Soul Brothersを結成した。しかし、またこれも上手く行かなかった。

ZOO時代の勉強のおかげで、「俺が俺が」は卒業したつもりだった。メンバーそれぞれをリスペクトし、心を通わせたつもりだったのだが、今考えれば、やっている内容が結局は「俺が俺が」から脱し切れていなかった。あの頃は、まだ自分たちのパフォーマンスばかり考えてしまっていた。朝から晩までダンス、ダンス、ダンスみたいな時代だった。ダンサーだったらそれでいいかもしれないけれど、リーダーとしては足りなかった。

結局、リリースした作品やパフォーマンスが多くの人たちに支持されるような内容でなければ、自分たちの目指す位置まで行けるわけがないのに、どうしても自分の趣味に走り、おかげでセールスがぜんぜん伸びなかった。

「これは、俺たちのテイストじゃない」とか、「こんなんで売れたって嬉しくない」とか。自分たちのストーリーがあって、それで世に出たい、という想いが強かった。今から思えば、ちょっとスケール感が小さいというか、器が小さいというか。それじゃあ売れるわけがない。

売れればなんでもいいのかと、あの頃の僕なら反発して言うかもしれないけれど、そういう話ではない。僕らの売れるという目標は、多くの人たちに自分たちを認めてもらうという意味だ。**この世界で、プロでやっていくなら、まずは売れなきゃ話にもなんにもならない。それが僕らの現実だ。**

もっと言えば、売れないことを世の中のせいにして、そのとき本当にやらなきゃいけないことをやっていなかった。

売れること（多くの人たちに認められること）でたくさんの人たちの夢が広がっていくことに気づけていなかったのだと思う。

「俺が俺が」と自分のことばかり主張しているうちに、それが自分の器を小さくしていることを忘れてしまう。知らないうちに自分で自分を制限してしまって、たくさんの可能性を潰してしまう。まさにそこら中に飛んでいるチャンスをみすみす自分から投げ捨てているようなものだ。

自分がやりたいことをひとまず我慢してでも、人のためにやった方が幸せを感じるという人間が大成していく。それは結局、他の人のために何かをしたときの方が、大きな力を出せるからだと思う。

それがいいバランスなんだと思う。

自分の器を決めるということは、自分の可能性の幅を狭めるということだ。

これから成長しようという若い時期に、自分の器を決めてしまうのは、本当にもったいないと思う。

エンタテインメント。

エンタテイナーとは、多くの人に喜びを提供することによって自分たちも幸せになるという、感動を共有しながら、ある意味キャッチボールをしているような職業だと思っている。

いつまでもたくさんの人に支持されるためには、いつまでも輝き続けていなければいけない。そのためには、ＥＸＩＬＥというブランドを輝かせることが、僕らの目指すエンタテインメントだ。

問題はどうやって輝かせるか。

そのために大切なのは、前にも書いたように、本物であるということだと思う。

ならば本物のエンタテインメントとは何か。

突き詰めれば本物とは、自分自身の心の中から生まれるものだと思う。

自分が心から感動したこと、面白いと思うこと、楽しいと感じることを、誰か他の人に伝えたいという気持ちが根底になければ、本物のエンタテインメントにはならない。

わかりやすく言えば、どこかから借りてきたもの、真似したもの、うわべだけでとりつくろったもので勝負しても、上手く行かない。

言葉で言うのは簡単だけれど、これは実際には難しい問題だ。

音楽にしても、映画にしても、ドラマや小説にしても、エンタテインメントは基本的に、誰かを感動させたり、何かを伝えたりすることを目的に作られている。

僕らの周りには、たくさんの感動があふれている。

ただし、それは誰か他の人が作ったものだ。

その感動を題材にエンタテインメントを作ったら、それはただの物真似になってしまう。

バカみたいな話だけれど、現実にはこのケースがとても多い。

そうならないために、**何かに感動したときには、なぜ自分がそれに感動したかを、どこまでも突き詰めて考えるようにしている。**

たとえばマドンナのステージを観て感動したとする。

自分は、マドンナの何に感動したのか。どこがカッコいいと思ったのか。それはあの声か、あの曲か、あの歌詞か、それともあのスタイルか。

そういうことを、時代の流れとか、ファッションの移り変わりとか、音楽の流行とか、その他のさまざまな要素や条件を含めて考えながら、突き詰めていくのだ。

そしてその核心、なぜ自分がマドンナのステージに感動したのか、その根本がわかったら、その根っ子の部分を自分のものにすること。そこから始めれば、物真似にはならない。

なぜならその根っ子が、現代の日本のミュージックシーンに根を下ろしたら、そこから成長するのは、マドンナそのものではないはずだから。それは、マドンナの精神を生かした、まったく別のオリジナルのエンタテインメントになるはずだ。

大切なことは、とにかく自分が受けた感動のニュアンスを、自分のフィルターを一度通して、客観的に表現することだと思う。

その昔、初めてニューヨークに行ったとき、僕はヒップホップの虜《とりこ》になって、なんとかあのカッコいい黒人みたいになりたくて、涙ぐましい努力をしたものだ。僕の世代のダンサーには、多かれ少なかれそういう時代があった。

今では面白おかしい語りぐさになっているが、本物の黒人になろうとしたのだ。

本物の黒人になんて、なれるわけないのに。いや、仮になれたとしても、それは要するに物真似でしかないのに。そんなことをやっている限り、絶対にあのカッコいい、本物の黒人ダンサーたちにかなうわけがないのだ。

憧れが強すぎて、黒人になろうとする無駄な努力を何年も続けて、僕らはようやくその間違いに気づいた。

もちろん物真似から得たたくさんの技術や感覚や感性はかけがえのない大切な宝物でもあるが、物事の本質に気づかなければ、そのパフォーマンスに魂は宿らないと感じたのもこの頃だ。

僕らは僕らの憧れたヒップホップの本質、その核にある精神を探し始めた。

そして生まれたのが、つまり僕らのエンタテインメントだ。

自分たちの大好きなもの、感動したものを、とことんまで吸収して、自分たちの血や肉にまでして、その根っ子をこの日本の大地に植えて、そこから芽を出し、葉を広げ、花を咲かせたのが僕らのスタイルであり、今もそういうやり方で、新しいエンタテインメントを作り続けている。

良い自分と、悪い自分のバランス。

偉そうなことばかり書いてきたけれど、僕はそんなにいいところばかりの人間じゃない。

いいところも少しはあるかもしれない。でも悪いところもたくさんある。

ビビリだし、若い頃みたいな自堕落でその日暮らしの生活への憧れもまだ残っている。

弁解するわけじゃないけれど、それが人間だと思う。

天使と悪魔とまでは言わないが、誰もが心の中に、良い自分と悪い自分を抱えている。

若かった頃の自分と、今の自分の人格が変わったわけではないと思うのだ。

三つ子の魂百まで。

人格なんてそう簡単に変わるわけがない。

じゃあ何が変わったのかと言えば、自分の中にある、良い自分と悪い自分の比率が変わったのだと思う。

つまりバランスの問題だ。

自分勝手で自分のことばっかり考えてしまう悪い自分と、自分のことを犠牲にしてでもみんなのことを考える良い自分。

人格は変わらなくても、その比率は簡単に変わる。

若い子が、何かしっかりした夢や目標を持つようになった途端、とても良い子になることがよくある。そういうケースを今までにもたくさん見てきた。

その子の人格が変わったわけではなく、その子の中の、良い自分と悪い自分、自分勝手な自分と、人に対して思いやりのある自分の割合が変わったのだと僕は思う。

電車の席に座っていて、目の前におばあさんが立ったとき、どうするか？

それは、心の持ち方で変わる。

その日１日、いいことがひとつもなくて、世の中に腹を立てていたら、もしかしたら目をつぶって眠っているふりをするかもしれない。

だけどその日とてもいいこと、たとえばＣＤが１００万枚売れたとか、ずっと気になっていた子が初デートに応じてくれたとか、そういう日だったら、きっとさっと立って席を譲るだろう。

自分は、良い人でも悪い人でもない。

ただ、良い自分と、悪い自分のバランスで、行動が変わるだけのことなのだ。

それなら、良い自分の割合を増やすための努力をしたらいい。

それだけで、人生は大きく変わる。

天国で生きるのも、地獄で生きるのも、自分の心次第だと思う。

どんな人間でも、
良い自分と悪い自分がいると思う。
本質はそんなに変わんないですよね。
その良い自分と、
悪い自分のバランスを
どうするかが大切。

星に願いを。

流れ星が流れる間に願い事をすれば、その願い事はかなう。

誰が言ったか知らないけれど、何回かチャレンジして、「できるわけねえじゃん」という結論に達した人は多いと思う。

僕もそうだった。

空を見上げて「あ、流れ星だ」と思った瞬間に、もう流れ星は流れてしまっている。願い事をする暇なんてない。

言い伝えか、伝説かわからないけれど、あの流れ星の話は嘘だ。

そう思っていた。

だけど、あるときふと、気がついた。

もしも本当に、どうしてもかなえたい願いがあったとしたら、その人はその願いをいつも心に抱いているだろう。

だとしたら、流れ星が流れたその瞬間に願い事を言えるんじゃないか。

流れ星が流れる間に願い事を言える人は、1年365日1日24時間一瞬も忘れることなくその夢を抱き続けている人だ。

その人の夢はかなう。

なぜなら、それだけ強く思う人は、必ず夢をかなえるからだ。

夢が必ずかなうとは思わない。

むしろこの世は、かなわなかった夢であふれている。

それは、夢というものが、かなえるものではなく、かなうものだと思っている人が多いからだと僕は思う。

夢をかなえるのは、他の誰でもない、自分自身なのだ。

もちろん実際には、それでも夢がかなわないことだってある。どれだけ強く思い、強く願い、そして夢をかなえるために自分にできることのすべてをやったとしても、夢をかなえられないということだってあるかもしれない。

それでも、ひとつの夢を追いかけるべきだと僕は思う。

ひとつの夢を追いかけることで、自分のたくさんの可能性に気づくことができるからだ。ひとつの夢を必死に追いかければ、たとえその夢をかなえることができなくても、きっとまた違ったたくさんの夢が生まれてくるから。そしてまた、ひとつの夢を追いかけることによって、自分の想いが、さまざまな形になってつながっていくからだ。

大切なのは、困難にぶち当たっても諦めずに、全力で夢を追い続けること。

夢を追いかけるというその行為によって、人は成長していく。

凝り固まった考えで、ひとつの方法に固執しすぎていないか。自分は真摯に、夢と向き合っているか。本当に、努力しているか。

自分を客観的に理解し、夢をかなえるためにありとあらゆることを考え、計画し、努力を続けることだ。

そうすれば大きな夢もいつかは、自分の手帳に書き込むことのできる、スケジュールにまで落とし込めるようになるかもしれない。

マッちゃんとウサとマキダイを誘って、J Soul Brothersを立ち上げたばかりの頃、まだ僕たちが何者でもなかった頃のことを、近頃よく思い出す。僕らは毎日毎日自己暗示のように、「夢はかなう！」「ぜってぇ負けねえ」と自分たちに言い聞かせ、歯を食いしばって必死に頑張ってきた。

自分がいつかこの世を去るとき、思い出すのはあの時代のことかもしれない。

落ちた後こそ大事。

僕らが定期的にオーディションをしているという話は前に書いたけれど、オーディションに合格した人より落ちた人の方が何倍も気になる。

オーディションに合格した人は、心配ない。

これから僕らと一緒に頑張っていけるから。チャンスは与えられたわけだから、あとは本人の努力次第で道は大きく開けるに違いない。

いい人ぶるわけじゃないけれど、僕がいつも気になるのは、落ちた子たちの方だ。

オーディションに落ちたくらいのことで、夢を諦めないでほしいと心から思う。

ショックなのはわかるけれど、**オーディションは、別に勝ち負けを決める場所ではない。**

たとえばEXILEの新しいパフォーマーをみつけるとか、女の子だけの新しいグループを作るとか、オーディションにはそれぞれ目的がある。

その目的に誰がいちばんぴったりかということで、合格者が決まる。いちばんぴったりなのがいちばん上手い人とは限らない。パフォーマーを選ぶオーディションだって、必ずしもいちばん上手なパフォーマーが選ばれるとは限らないのだ。

アツシの場合もそうだった。

「ASAYAN」は僕らがやったオーディションじゃないけれど、テレビで放映されて有名になったあのオーディションの最終審査でアッシが落ちたとき、僕は「彼がいちばん上手いのに」と思ったことをよく憶えている。

少なくとも僕の耳と心には、アッシの歌声がいちばん深く突き刺さった。天才だと思った。

ちょうどその頃、ボーカルを探していた僕は、すぐにアッシに連絡を取った。たくさんの障害をクリアして、アッシを僕らの仲間に迎え入れることに成功した。

あそこでもしアッシが合格していたら、今のＥＸＩＬＥは存在していない。

オーディションに落ちたからって、そこで落ち込んだりする必要はまったくないのだ。

だから僕らが主催するオーディションでは、受かった人たちと同じくらい落ちた人に注目している。ＥＸＩＬＥのオーディションが原因で、夢を諦めてほしくないのだ。

1次審査は応募者が何万人といるので、なかなか全員には声をかけられないけれど、落ちた人たちには、これで何もかもが終わりじゃないってことをできる限り丁寧に説明している。

言葉のフォローだけの話ではない。

僕らのオーディションでは、落ちた人たちの中からもたくさんの仲間が生まれている。

たとえばショウキチは、タカヒロが合格したときのオーディションに参加していた。けれど3次審査で落ちて、武道館の最終審査にも出られなかった。

それでも彼は諦めなかった。

彼は僕らが全国に展開している、ＥＸＰＧの特待生になった。

オーディションに落ちてしまったけれど、やる気があり可能性を感じる子には夢を諦めてほしくなかったので、希望すればＥＸＰＧの特待生になれるようにしておいたのだ。

ショウキチは北海道出身だから、札幌のＥＸＰＧの特待生になった。

たぶん、オーディションで落とされて、見てろよ東京ぐらいの思いで北海道に帰って、それでも挫《くじ》けることなくＥＸＰＧで頑張っていたんだと思う。３次審査に彼が出てきたことはもちろん憶えているし、札幌で頑張っているという話も耳に入っていた。

二代目J Soul Brothersを作ろうって話が持ち上がって、ボーカルをネスミスともうひとり誰かってことになったときに、思い出したのは札幌のショウキチのことだった。
彼は二代目J Soul Brothersのボーカルとなり、さらに他の二代目J Soul BrothersのメンバーとEXILEの一緒にEXILEの第三章のメンバーとなった。

時間はちょっとかかったけれど、結局は彼もEXILEの一員となったのだ。

オーディションに落ちても諦めなかったから、今の彼がある。

オーディションに限らず、入学試験でも、入社試験でもなんでもそうだけれど、落ちた後にどうするかでその人の人生は変わるんだと思う。

ふたたびチャレンジするのか。

それとも別の道を歩むのか。

それはその人次第だけれど、オーディションや試験のあの緊張感やプレッシャーを乗り越えた経験は絶対に、その後の人生の役に立つ。
オーディションや試験に落ちたくらいのことで、夢を諦めちゃいけない。
チャンスはそこら中にビュンビュン飛んでいるから。

見極めと諦め。

オーディションを受けて、「あれ、やっぱり俺、これ向いてないかな」と悟って、別の道に進むということだって、もちろんあると思う。

僕はなんでも見切りが早い方だから、前にも言ったように自分の歌や楽器については、若い頃にすっぱり諦めてしまった。ボーカルの才能はまったくない。楽器も駄目だった。DJに興味を持って、機材が出始めた頃に買ったりもしたけれど、あれも長続きしなかった。

だけど、ダンスは違った。

最初から上手く踊れたわけじゃない。上手く踊れるようになるまでには、かなり練習もした。

歌や楽器と何が違ったのかと聞かれても、自分でもよくわからない。

ただ、ダンスは自分の性に合っていた。

踊っても、踊っても、飽きることがなかった。飽きずに踊りまくっていたら、いつの間にかダンスで飯が食えるようになっていた。

諦めが早いのか、見極めが上手いのか。

これは、難しい問題だ。

歌も、ダンスくらい一所懸命練習していたら、僕はプロの歌手になれただろうか?

何事もやってみなけりゃわからないという面はあるけれど、やっぱり歌手にはなれなかっただろうと思う。たぶん、いや絶対に。

それでも歌手になりたくて頑張っていたら、今頃どうなっていたことか。

歌や楽器を諦めたのは、だから正しい選択だったと思う。

そういう意味で、僕は誰も彼もに、自分の夢を絶対に諦めるなとは言えない。

自分が得意でないことが好きになって、どうしてもその道で生きていきたいと思うことだってあるだろう。

でも、どんなに心から願っても、かなわない夢はある。

それが現実だ。

片思いがそうであるように。

自分が相手のことをどんなに好きで思い続けても、相手が自分を好きになってくれるとは限らない。

夢も同じだ。

かなわない夢を、いつまでも追いかけて人生を無駄にしてはいけない。

それは、夢を諦めないこととは違う。

だけど、その違いを見極めるのは難しい。

ひとつだけはっきり言えるのは、いずれにしても、その見極めをするのは自分しかいないということだ。

片思いの相手も、かなわぬ夢も、どこかで見極めなきゃ前には進めない。

人生は、振り向いてくれない相手をいつまでも追いかけていられるほど長くはない。

なんて言ったらキザだろうか。

でもとにかく、見極めが新しい人生を切り開くこともあるんだということを憶えておいてほしい。

ゼロ＝無限大。

もしも生まれ変われるなら、また自分に生まれたい。


そして、ゼロからもう一度人生をやり直してみたい。

今の人生に不満があるわけじゃない。

ただ、何も持っていない、素っ裸の自分に戻って、ゼロからもう1回人生をやってみたい。

大事なのはもう1回というところではなく、ゼロから始めるというところ。

ゼロとは何もないということ。

無一文、ポケットをひっくり返しても何も出てこない、すっからかんのゼロ。

若い頃はそれが恐《こわ》かったけれど、今は何も持たないからこそ自由だったとわかる。

あのゼロの場所からだったら、どこへでも行けた気がする。

そこへ戻ったら、何をしただろう。

やっぱりダンサーになって、でも今度はチームとか作らず、ただひたすらダンスを極めるという道を歩んでみるのも悪くない。一生涯、ただひたすら自分のダンスだけに打ち込んだら、どんな境地に達することができただろう。

ぜんぜん違うこと、たとえばスノーボーダーになったらどんな生活が待っていただろう。スノーボードは好きで、昔はよくやっていたけれど、万が一にも怪我できないので今はもうやらなくなった。

信じられないことに、この僕がそういうことを考えなきゃいけなくなってしまった。

気がつけばたくさんのものを背負うようになっていた。

だから余計に、何者でもなかったあの時代が懐かしいのだろう。

もちろんこれは、僕の感傷にすぎない。

自由になるために、その荷物をぜんぶおろせるかと聞かれたら、即座に首を横に振る。おろせるわけがない。

タイムマシンを持ってきて、昔に戻れると言われても、乗るつもりはない。

僕は僕の人生に満足している。そしてこれから先の展開に胸を躍らせている。

自分たちがやってきたことをさらに前に進めるために、この場所で足を踏ん張って頑張っていこうと思っている。

それでも、やはりときどきは思い出すのだ。

その何もないこと、何も持っていないことが、どんなにかけがえのないことだったか。

だからこそ、その真《ま》っ只中《ただなか》にいる若い子たちに言いたい。

どんな宝物よりも、素晴らしい宝物を持っていることに気づいてほしい。

ゼロはすなわち無限大だ。

その無限の可能性を大切にしてほしい。

若さだけは、絶対に買うことができないものなのだ。

ふたたびビビリ。

ビビリのおかげで助かったことが何回もある。

僕は子供の頃から好奇心が異常なくらい旺盛で、おまけに負けん気が強かった。だから、なんであろうと好きになると激しく夢中になる。

寝るのも食べるのも忘れるくらい夢中になって、もしかしたら破滅する手前まで行ったことも何度かある。

それでもなんとか破滅せず一歩手前で引き返せたのは、ビビリのおかげだ。

ビビリならではのリミッターがかかって、破滅から救っ

てくれた。

そうでなかったら、今頃こうしてこんなことを書いていられない。

とにかくバカで、面倒くさがりで、自堕落で、その日暮らしで生きるのが大好きで、先のことなどなんにも考えずに、面白そうなことならなんにでもはまってしまう、いい加減な人間だった。

だった、なんて昔のことのように書いているけれど、この性格は、ある意味で、今もあまり変わらない。

ただ、夢中になる対象が、昔と少し変わった。

今だって朝から晩まで、仕事のことばかり考えている。他にやりたいことは特にない。

遊びが、仕事に変わっただけのことだ。

しかも僕の場合、この仕事というのが、自分の感覚ではぜんぜん仕事じゃない。仕事という言葉から連想するような無味乾燥なものではとうていない。

義務でやっているわけじゃなくて、何から何までやりたくてやっていることだから、辛いこともたくさんあるが、昔を思うとこの環境が幸せだ。面白くって仕方がない。

エンタテインメントは、ただの作り物ではない。

アーティストもパフォーマーも、もちろん生身の人間なわけで、その生身の人間の生き方そのものが、その人のうたう歌や、ダンスと深く関わっている。

だからこそ人の心を打つのだ。

そういう意味でのエンタテインメントを作り出す現場で、たくさんの人と関わりながらする現在の仕事が好きでたまらない。これが若い頃だったら、本当に何日でも徹夜して、ぶっ続けで仕事をし続けてしまうだろう。

つまり自分にとって面白いことを、やり続けているという意味では、今も昔も変わらない。

違いがあるとすれば、今の仕事については、リミッターがかからないというところ。

「もうそれくらいにしとかないとヤバイぞ」という僕のビビリの本能の声が聞こえない。

それはいったいなぜかと考える。

きっとそれは、今僕がやっていることが、僕ひとりだけじゃなくて、みんなの夢をかなえる仕事だからだと思う。

人は自分だけのためには、そんなに頑張れないものなのだ。

人は人のために力を尽くしたときに、本当の底力を発揮することができる。

それは、ＥＸＩＬＥのメンバーと一緒に、自分の心と体で理解したことだ。

だからこれからも、思いっ切りはっちゃけて、全身全霊でこの仕事に邁進《まいしん》していくつもりだ。

みんなの夢をかなえるその日まで。

でも、あんまり調子にのりすぎないように、内心ではちょっとビビりながら。

あとがき

「ビビってんじゃねえよ」

自分の心によく言い聞かせて気合いを入れる。

ビビるのは悪いことじゃないけれど、いつまでもビビっていてはいけない。

人生には、ときとして、自分を捨てる覚悟で挑まなければいけないことがある。

飛ぶと覚悟を決めたら、後先のことは考えず、とにかく飛ばなきゃいけない。

僕はビビリだけれど、そういうときの思い切りには自信がある。

いつもはいろんなことを周到に、緻密に、細かく考えて、完璧にやり遂げることをモットーにしているけれど、そういう準備が役に立たないときがある。

人生における、重要なことはたいていそうだ。

どんなに準備したところで、絶対に成功するとは限らない。

そういうときは、自分にできること、やるだけのことをすべてやったら、目を閉じ、運を天に任せ、とにかく思いっ切り飛んでしまう。

そこでビビっても仕方がない。

そういうときは、まったくビビらない。

なんにも恐くない。

つまりビビリなのは、ここいちばんの大切なときにビビらないためだとも言える。

ビビる自分と、ビビらない自分。

どちらも本当の自分ではある。

結局、そのバランスが大切なのだと思う。

最初にも書いたように、性格なんてものは、ただの道具にすぎない。

大切なのは、夢の実現のために、その道具が役に立つかどうかだ。

僕がパフォーマーを引退したのは、僕の存在によって、EXILEのアーティストとしての動きが鈍くなっているような気がしたということもある。僕がいると、何をするにしても、理由とか筋とかを必要以上に考えてしまう。

これを今やることが、本当にEXILEのためになるのかどうかとか、今までの自分たちの歴史から考えてふさわしいかどうかとか、いろんなことをつい考えすぎてしまうのだ。

いや、慎重に考えるのは悪いことではないのだが、やっぱりどうしても、そのせいでＥＸＩＬＥの腰が重くなっていた。

それは、ある種の老化ではないか。

そのことに気づいたのも、僕が引退を決めた理由のひとつだ。

そういうわけで、これからのＥＸＩＬＥは、今までよりもフットワークが軽くなるはずだ。僕がパフォーマーとしていなくなることで、メンバーそれぞれの関係も、立ち位置も変わっていくと思う。

アツシも秋から始まるＥＸＩＬＥ　ＴＲＩＢＥのドームツアーに参加しないけれど、もちろん、心配は無用だ。パワーアップしたアツシが、２０１５年にはふたたびＥＸＩＬＥのライブに戻ってくることが決まっている。

それまでに、第四章のＥＸＩＬＥが、どれくらい成長しているか。ソロ活動を通じてさらに進化したアツシが、新しいＥＸＩＬＥにどんな化学変化をもたらすか。

さらには三代目J Soul BrothersやGENERATIONS、E-girlsの各グループが、それぞれどんな展開を見せて、どう育っていくか。

すべては未知数だけれど、はっきりしていることがひとつある。

それは、変化のスピードはこれからどんどん加速していくということだ。

それは、僕らの夢の実現スピードが加速するということでもある。みんなの夢を次々にかなえながら、そのたくさんの夢の向こう側に、僕たちはさらなる大きな夢を見る。そしてその夢を必ず実現する。

Love Dream Happiness。

愛と夢と幸せを、世界中に送り届けるために。

みなさんの夢も、かないますように。

こんな本を偉そうに出してしまったことにビビっていますが、本当にたくさんのファンのみなさん、スタッフ、そして所属のみんな、メンバーには感謝の気持ちでいっぱいです。

STAFF

Text　石川拓治

Photography　KEI OGATA (No. 2)
片桐史郎 (TROLLEY)

Art Direction&Design　山本知香子

Styling　MASAH (tsuji management)

Hair&Make　KUBOKI (Three Peace)
YOSHIYUKI WADA (SIGNO)

Artist Management　森 雅貴 (LDH)
森 広貴 (LDH)
関 佳裕 (LDH)
川田真太郎 (LDH)
林 賢宏 (LDH)
広川祐介 (LDH)
新井義浩 (LDH)
飛彈美帆 (LDH)

Editor　舘野晴彦 (幻冬舎)
三宅花奈 (幻冬舎)

写真提供

Photography　KEI OGATA(No.2)
◆New Yorkにて
○HIRO(P40〜41、P120、P122〜123、P130〜131、P190〜191、P229、P238〜239、P286〜287、P290、P349)
Hair&Make　KUBOKI(Three Peace)
○HIRO、MATSU、USA、MAKIDAI、AKIRA、TETSUYA、NAOTO、NAOKI(P50〜51、P93、P115、P116〜117、P118〜119、P244〜245、P298〜299)
Styling　野口 強(Stie-lo)　Hair&Make　KUBOKI(Three Peace)、千絵(H.M.C)、水野明美(H.M.C)、石上三四郎(HAPP' S)
◆その他
○ATSUSHI(P261)／Styling　渡辺康裕(W)　Hair&Make　千絵(H.M.C)
○TAKAHIRO(P93)、NESMITH(P341)、SHOKICHI(P341)／
Hair&Make　石上三四郎(HAPP' S)、高柳公太郎、水野明美(H.M.C)
○KENCHI(P115)／Styling　橋本 敦(KiKi inc.)　Hair&Make　白銀一太(H.M.C)
○KEIJI(P117)／Hair&Make　千絵(H.M.C)

PROFILE

EXILE HIRO

1969年生まれ。神奈川県出身。1990年、LMD改めZOO「ケアレス・ダンス」でデビュー。1999年、「J Soul Brothers」を結成。2001年、「EXILE」と改名し再始動。同年9月27日、シングル「Your eyes only～曖昧なぼくの輪郭～」でデビュー。2008年、2009年、2010年と、3年連続で日本レコード大賞受賞。2009年11月、「天皇陛下御即位二十年をお祝いする国民祭典」で奉祝曲「太陽の国」を献納。2013年の日本レコード大賞で、史上初の4度目の大賞を受賞。EXILEパフォーマー兼リーダーとして、また所属事務所LDHの代表取締役社長としてグループおよびスタッフを牽引し、EXILEを国民的エンタテインメントグループへと押し上げる。また、LDH所属アーティストのプロデューサーとしても活躍。2013年をもってEXILEパフォーマーを勇退するも、引き続きリーダー兼プロデューサーとして、EXILEやEXILE TRIBE、各所属アーティストのエンタテインメントの新たな創造に向けて心血を注いでいる。著書に『Bボーイサラリーマン』(幻冬舎文庫)がある。

この作品は二〇一四年六月小社より刊行されたものです。

幻冬舎文庫

●最新刊
弱いつながり
検索ワードを探す旅
東　浩紀

私たちは、考え方も欲望も今いる環境に規定されている。それでも、人生をかけがえのないものにしたいならば、グーグルより先に新しい検索ワードを探すしかない。SNS時代の挑発的人生論。

●最新刊
妖しい関係
阿刀田　高

突然逝った、美しく年若き妻。未亡人となっていた、かつての恋人。生まれ変わりを誓い死んだ、年上の女性。男と女の関係は、妖しく不思議で、時に切ない。著者真骨頂の、洒脱でユーモラスな短篇集。

●最新刊
地図を破って行ってやれ！
自転車で、食って笑って、涙する旅
石田ゆうすけ

自転車で世界一周した著者が日本国内を駆けめぐる！　恩人との再会、きらきら輝く恍惚の味、魂を揺さぶる自然、そして忘れられない出会い——。縦横無尽に走った旅をつづる大人気紀行エッセイ。

●最新刊
孤高のメス
死の淵よりの声
大鐘稔彦

手術不可能な腹膜癌に抗癌剤を選択する当麻。患者は劇的な回復を遂げる。一方学会では、癌と戦うなと唱える菅元樹のシンポジウムが大荒れとなっていた——。ベストセラー、シリーズ最新刊。

●最新刊
五条路地裏ジャスミン荘の伝言板
柏井　壽

居酒屋や喫茶店が軒を連ねる京都路地裏の「ジャスミン荘」では、住人の自殺や幽霊騒ぎなど、騒動ばかり。〃美人大家さん〃の摩利は、住人の静かな毎日と、美味しい晩酌のため、謎解きに挑む！

幻冬舎文庫

●最新刊
ギフテッド
山田宗樹

未知の臓器を持つ、ギフテッドと名付けられた子供達。彼らは進化か、異物か。無残な殺人事件を発端に、人々の心に恐怖が宿る。人間の存在価値と見識が問われる、エンターテインメント超大作。

●好評既刊
空飛ぶ広報室
有川　浩

不慮の事故で夢断たれた元・戦闘機パイロット空井大祐の異動先は航空幕僚監部広報室。待ち受けていたのはミーハー室長の鷺坂をはじめひと癖もふた癖もある先輩たち……。ドラマティック長篇。

●好評既刊
はるひのの、はる
加納朋子

ユウスケの前に、「はるひ」という我儘な女の子が現れる。だが、ただの気まぐれに思えた彼女の頼み事は、全て「ある人」を守る為のものだった。切なくも温かな日々を描いた感涙の連作ミステリー。

●好評既刊
人形家族
熱血刑事赤羽健吾の危機一髪
木下半太

異常犯罪を扱う行動分析課の刑事・赤羽健吾の前に、連続殺人鬼が現れた。犯人は、被害者に御馳走を与えてから殺し、死体をマネキンと並べて放置する。犯人の行動に隠されたメッセージを追え！

●好評既刊
たった一人の熱狂
見城　徹

すべての新しい達成には初めに熱狂が、それも人知れない孤独な熱狂が必ずある。出版界の革命児・見城徹による、仕事に熱狂し圧倒的結果を出すための55の言葉を収録。増補完全版！

幻冬舎文庫

●好評既刊
ふたりの季節
小池真理子

私たちはなぜ別れたのだろう。たまたま立ち寄ったカフェで、昔の恋人と再会した由香。共に過ごした高校最後の夏が一瞬にして蘇る。三十年の歳月を経て再び出会った男女の切なくも甘い恋愛小説。

●好評既刊
わたしの神様
小島慶子

ニュースキャスターに抜擢された人気ナンバーワンのアイドルアナはやがてスキャンダルの渦に引きずり込まれ……。〝女子アナ〟たちの嫉妬・執着・野心を描く、一気読み必至の極上エンタメ小説。

●好評既刊
先生と私
佐藤　優

異能の元外交官にして作家・神学者の〝知の巨人〟は、どのような両親のもとに生まれ、どんな少年時代を送り、それがその後の人生にどう影響したのか。思想と行動の原点を描く自伝ノンフィクション。

●好評既刊
旅の窓
沢木耕太郎

「旅を続けていると、ぼんやり眼をやった風景のさらに向こうに、不意に私たちの内部の風景が見えてくることがある」。旅情をそそる八十一篇の小さな物語。沢木耕太郎「もうひとつの旅の本」。

●好評既刊
貴様いつまで女子でいるつもりだ問題
ジェーン・スー

女にまつわる諸問題（女子問題、カワイイ問題、ブスとババア問題、おばさん問題……etc.）から、恋愛、結婚、家族、老後まで――話題の著者が笑いと毒で切り込む。講談社エッセイ賞受賞作。

幻冬舎文庫

●好評既刊
ゴリラはいつもオーバーオール
渋谷直角

何気ない日常に潜む、バカバカしくも愛おしい、イビツな人々のエピソードが満載！　先入観や思い込みを捨て、何かに「気づくこと」の楽しさと大切さを再認識させてくれる珠玉のエッセイ集。

●好評既刊
タックスヘイヴン　Tax Haven
橘　玲

在シンガポールのスイス銀行から日本人顧客のカネを含む1000億円が消え、ファンドマネージャーが転落死した。名門銀行が絶対に知られたくない秘密とは？　国際金融情報ミステリの傑作。

●好評既刊
去年の冬、きみと別れ
中村文則

ライターの「僕」が調べ始めた二つの殺人事件には、不可解なことが多過ぎた。被告には狂気が漂う。しかも動機は不明。それは本当に殺人だったのか？　話題騒然のベストセラー、遂に文庫化。

●好評既刊
心がほどける小さな旅
益田ミリ

春の桜花賞から鹿児島の大声コンテスト、夏の夜の水族館、雪の秋田での紙風船上げまで。北から南、ゆるゆるから弾丸旅まで。がちがちだった心がゆるみ元気が湧いてくるお出かけエッセイ。

●好評既刊
神様が殺してくれる　Dieu aime Lion
森　博嗣

パリの女優殺害事件に端を発する奇怪な5連続殺人。現場で両手を縛られ拘束されていた重要参考人リオンは「神が殺した」と証言。手がかりは彼の異常な美しさだけだった。森ミステリィの白眉。

ビビリ

EXILE HIRO

平成28年8月5日　初版発行

発行人――石原正康
編集人――袖山満一子
発行所――株式会社幻冬舎
〒151-0051東京都渋谷区千駄ヶ谷4-9-7
電話　03(5411)6222(営業)
　　　03(5411)6211(編集)
振替00120-8-767643
印刷・製本―中央精版印刷株式会社
装丁者――高橋雅之

検印廃止
万一、落丁乱丁のある場合は送料小社負担でお取替致します。小社宛にお送り下さい。

幻冬舎文庫

ISBN978-4-344-42514-9　C0195　　ひ-12-2

幻冬舎ホームページアドレス　http://www.gentosha.co.jp/
この本に関するご意見・ご感想をメールでお寄せいただく場合は、
comment@gentosha.co.jpまで。